제2판

학술논문작성 및 출판지침

한국심리학회

권선중 민윤기 석동헌 심은정 이민규 최성진
(가나다 순)

박영사

발간사

먼저, 「학술논문 작성 및 출판 지침(제2판)」의 출간을 한국심리학회의 모든 회원님들과 함께 축하하며, 한국심리학회의 "심리학 학술논문 작성 및 출판지침 위원회"(위원장, 이민규)의 그간의 노고에 감사드립니다.

이번의 지침서는 2001년 초판(한국심리학회 출판규정집 제정 특별위원회 기획)이 나온 이래 10년 만에 2판이 나오게 되었습니다! 초판의 발간에 기여하신 회원님들(권석만 위원, 남종호 위원, 박창호 위원, 최윤미 위원, 한규석 위원장)께 다시 한 번 감사드리며, 이번 2판의 이민규 위원장(경상대학교), 민윤기 위원(충남대학교), 석동헌 위원(대구대학교), 권선중 위원(침례 신학 대학교), 심은정 위원(대구 가톨릭 대학교) 그리고 최성진 위원(부산 메리놀 병원)님들의 모학회를 위한 기여에 깊은 감사를 드립니다.

1946년에 창설된 우리 한국심리학회는 14개 분과(제1분과 임상심리학회, 제2분과 상담심리학회, 제3분과 산업 및 조직심리학회, 제4분과 사회 및 성격심리학회, 제5분과 발달심리학회, 제6분과 인지 및 생물심리학회, 제7분과 사회문제심리학회, 제8분과 건강심리학회, 제9분과 여성심리학회, 제10분과 소비자, 광고심리학회, 제11분과 학교심리학회, 제12분과 법정심리학회, 제13분과 중독심리학회, 제14분과 코칭심리학회)가 있으며, 전체 회원수는 1만 명을 넘어서서 명실상부한 큰 학회로서 학문적 기여는 물론이고 사회적 기여를 요청받고 있으며 그에 부응하려는 노력을 하고 있습니다. 이제 한국심리학회와 분과학회들에서 발간되는 전문학술지는 학회와 회원들의 큰 자부심이 되고 있습니다. 따라서 이 출판지침서는 모든 회원들의 필수적인 매뉴얼이 되었습니다. 이번 지침서에는 특히 연구윤리에 관한 장이 더 마련되어, 최근에 큰 이슈가 되고 있는 연구 윤리에 관련된 제반 문제의 대처에도 많은 도움이 될 것으로 생각됩니다. 구체적인 지침서의 내용은 「위원회」에서 밝힐 것이므로, 여기서는 Ellen J. Langer(2008)의 「마음챙김」에서 소개된 G. M. Gillmore의 멋진 우화를 다시 한 번 소개하려고 합니다:

"옛날 옛적에, 훌륭한 대학교의 존경 받는 통계심리학 교수가 이 바다에서 저 바다로 항해하며 모처럼의 휴가를 즐기고 있었다. 날씨 화창한 어느 날, 그가 탄 배가 아주 작은 산호섬의 조그마한 항구에 닻을 내렸다. 선원들이 말하기를 그 섬은 전체 거주자들인 세 명의 은자(隱者)에게 식량을 갖다 주기 위해 이따금 들르는 곳이라고 했다. 아니나 다를까, 백사장 위에는 긴 흰 수염과 하얀 실험실 가운을 산들바람에 휘날리며 너무나 은자다운 모습을 한 세 명이 서서 이 교수를 열렬히 환영하고 있었다. 그들은 자신들이 그렇게 기뻐하는 이유를 설명해 주었다. 그들은 강의며 교수회의며 그 밖의 수많은 세속의 번잡한 일에 방해받지 않고, 오로지 동물 행동만을 연구하기 위해 아주 오래 전에 이 섬에 왔다. 하지만 세월이 흐르는 동안 대학에서 배웠던 제대로 된 통계 절차를 상당 부분 잊어버렸기에 이 교수의 도움을 받아 기억을 되살리려는 열망이 대단했다.

이렇게 해서 그 지혜로운 교수는 그들과 긴 시간 동안 이야기를 나누며 단순한 실험 설계와 복잡한 실험설계에 대해, 학술지에 논문을 발표하려면 알아야 하는 기술적 사항에 대해 기억을 상기시켜 주고, 그들이 연구 결과를 다시 제대로 검증하는 데 필요한 통계 절차를 가르쳐 주었다. 뿌듯한 하루를 보냈다고 느끼며 그 통계심리학자는 배로 돌아가 다시 항해를 시작했다.

다음날, 평상시처럼 일찍 일어난 그는 새벽의 투명한 햇살을 받으며 갑판 의자에 앉아 있다가 저 멀리 수평선 부근에서 이상한, 믿을 수 없는 광경을 발견했다. 한동안 쳐다보았지만 그것이 보트인지 카누인지 뗏목인지 식별할 수 없었던 그는 선장을 불렀다. 쌍안경을 눈에 대는 순간 그들은 자신들이 있을 수 없는 광경을 보고 있음을 인정해야 했다. 벵골 원숭이 한 마리가 커다란 돌고래를 타고 이쪽으로 오고 있었기 때문이다. 그들은 난간 밖으로 몸을 기울이고 그 원숭이와 돌고래가 다가오는 것을 멍하니 바라보았다. 원숭이가 큰 소리로 외쳤다.

'존경하는 교수님, 저희는 섬의 연구실에서 왔습니다. 저희 박사님들께서 이렇게 서희를 보내서 귀찮게 하는 것을 용서해 달라고 하셨습니다. 저희가 이렇게 온 것은 다름이 아니라 저희 박사님께서 어제 들은 내용 중에서, 분모의 자유도를 어떻게 결정하는지가 기억이 안 난다고 하셔서입니다. 결과를 학술지에 게재하려면 그걸 꼭 알아야 하는지라…'

그 은자들의 연구실에서는 원숭이들이 말할 수 있다는 사실에 아무도 신경 쓰지 않았다."

"아무리 정확하게 정의하고, 아무리 정교한 연구계획을 세우고, 아무리 모든 질문에 신중하게 대답한다고 해도" 인간과 유기체의 의식과 행동은 완전하게 표현되거나 해석될 수는 없을 것입니다. 나무만 보다가 숲을 놓칠 수도 있습니다. 지도는 실제 지형은 아닙니다. 그렇지만 그러한 노력들을 통해서 때로는 누진적으로 때로는 혁명적으로 심리학이 발전할 것입니다. 이 매뉴얼이 그러한 발전에 연결이 되고, 기반이 되기를 희망합니다. 회원님들의 연구에 더 큰 성취가 있기를 기원합니다.

사단법인 한국심리학회

제42대 회장 손정락

일러두기_

우리 학회에서는 연구자들 간의 소통을 원활히 하고 한국심리학회산하 분과학회에서 출판되는 모든 학술지의 출판 양식을 통일시키기 위해서 2001년 「학술논문 작성 및 출판 지침」을 제정하여 사용하고 있다.

10년 동안 이 지침서를 사용하면서 나타난 부족한 점을 보완하고 새롭게 요구되는 부분을 추가하여 「제2판 학술논문 작성 및 출판 지침」을 출판하게 되었다. 제2판은 2001년 제정된 지침과 미국심리학회(American Psychological Association, 2009)의 Publication manual of the American Psychological Association (6th ed.)을 기반으로 작성되었다.

본 지침서는 총 8개장과 부록으로 이루어져 있다.

제1장 연구 윤리(이민규)에서는 연구윤리 일반, 연구결과보고 및 발표 윤리, 주요부정행위(위조, 변조, 표절, 이중출판), 연구윤리위반 처리 절차 등에 대해서 설명한다. 높은 연구 윤리가 요구되는 있는 만큼 연구자들이 반드시 알아야할 부분으로 생각된다.

제2장 논문의 구성(민윤기)에서는 연구 논문들의 유형, 요구되는 보고 기준과 질적 수준, 논문 저자(들)의 문제, 그리고 논문의 틀과 구성 요소들에 대하여 기술한다.

제3장 논문의 글쓰기 방법(석동헌)에서는 논문의 가독성을 높이기 위해서 글쓰기에서 고려해야하는 사항을 제시한다.

제4장 논문의 편집양식(권선중)에서는 논문의 내용을 정확하고 명료하게 전달하는데 필요한 일관되고 통일된 구조와 기술방식(문장부호, 인용, 약어, 숫자, 표, 그림, 참고문헌의 표기법 등)을 제시한다.

제5장 결과제시 방법(심은정)에서는 논문의 가독성과 소통의 효율성을

높이기 위해서 요구되는 상호 간에 합의된 양식인 표와 그림을 작성하는 방법을 제시한다.

제6장 주(註), 부록, 및 보충자료(최성진)에서는 주장을 뒷받침하기 위해 사용되는 주(註)와 부록, 그리고 보충자료를 제시하는 방법에 대해서 설명한다.

제7장 참고문헌(최성진)에서는 논문 작성을 위해 다른 연구를 인용하거나 참고할 경우, 본문 인용 표기법과 참고문헌 목록에 해당 문헌의 서지사항을 제시하는 방식을 설명한다.

제8장에 논문투고 및 심사절차(이민규)를 제시하였고 마지막에 논문투고 신청서, 윤리서약 및 저작권 이양 동의서, 심사 답변서 등 부목들을 세시하였다. 각 장의 끝에 점검항목표를 제시하여 사용자의 편의를 높였다.

제2판을 사용하면서 발견되는 문제점이나 개선할 점에 대한 기탄없는 의견은 제3판의 탄생을 이끌어 낼 것이다(한국심리학회 사무국 E-mail: kpa0102@chol.com). 이번에 출판되는 제2판이 연구 결과들을 학술지에 발표하여 여러 연구자들과 공유하는데 많은 도움이 되길 기대한다.

끝으로 이 지침서가 만들어 지는 과정에서 많은 애를 써 주신 (주)박영사 안종만 대표님, 우석진 편집부장님과 편집부원 여러분, 그리고 경상대학교대학원 심리학과 임상·건강 연구실의 이정란 치프, 김광일, 김은자, 이선종, 김지은, 김혜지, 박연경, 이경석, 정지혜, 최지영에게 감사의 마음을 전한다. 제2판 저자들의 손발이 되어 이 지침서가 무난히 출판되게 간사의 소임을 다하고 동아대학병원에서 열심히 임상심리전문가 수련을 받고 있는 노향화 선생에게도 고마움을 전하다.

한국심리학회
심리학 학술논문 작성 및 출판지침 위원회
위원장 이민규

CONTENTS

chapter 2

논문의 구성 23

1절; 논문의 유형과 보고 기준 24

2절; 논문의 구성요소와 내용 28

chapter 3
논문의 글쓰기 방식 ————————————————— 51

chapter 4

논문의 편집 양식 ──────────────── 69

chapter 8

논문투고 및 심사절차 ································· 199

1절; 저자, 심사자 및 편집위원회의 임무 ································· 199

chapter 1
연구윤리

연구윤리

Publication Manual of
the Korean Psychological Association

한국심리학회 윤리규정에 연구자의 학문의 자유와 사회적 책임을 명시해 두고 있다. 모든 심리학 연구자는 연구 참여자의 권리와 자기 결정권을 존중하고 안전과 복지를 보장할 책임을 가진다. 또한 연구 결과를 보고 혹은 발표 할 때 연구부정행위나 연구부적절행위를 하지 않는다. 이 장에서는 연구 수행 과정과 연구 결과를 보고 혹은 발표 시 지켜야 할 연구 윤리에 관해서 기술한다.

1절; 연구 수행 윤리

1.1 기관의 승인 (IRBs)

연구 수행 시 기관의 승인이 요구될 때, 심리학자는 연구를 수행하기 전에 연구계획에 대한 정확한 정보를 제공하고 승인을 얻는다. 또한 승인된 연구계획안대로 연구를 수행하여야 한다.

1.2 연구 참여자에 대한 책임

연구자는 연구 참여자의 인격, 사생활을 침해받지 않을 개인의 권리와 자기결정권을 존중하며, 안전과 복지를 보장하기 위한 조처를 하고, 위험에 노출되지 않도록 하여야 한다. 또한 연구 참여자에게 심리적, 신체적 손상을 주어서는 아니 되며, 예상하지 못한 고통의 반응을 연구 참여자가 보일 경우 연구를 즉시 중단하여야 한다.

1.3 연구 참여에 대한 동의

연구 참여는 자유의지로 결정되어야 한다. 따라서 연구자는 참여자로부터 연구 동의서를 받지 않아도 되는 상황(한국심리학회 윤리규정(2004) 제27조 연구동의 면제)을 제외하고는 연구 참여자로부터 연구 참여에 대한 동의를 받아야 한다.

1.4 연구를 위한 음성 및 영상 기록에 대한 동의

연구자는 자료 수집을 위하여 연구 참여자의 음성이나 영상이 필요한 경우에는 기록하기 전에 연구 참여자로부터 동의를 받아야 하는데, 다음의 경우는 예외로 한다.

연구의 내용이 공공장소에서 자연 관찰하는 것이거나, 그 기록이 개인의 정체를 밝히거나 해를 끼치는 데 사용될 것으로 예상되지 않을 경우 연구 설계에 속이기가 포함되어 있어서, 기록 후에 기록 사용에 대한 동의를 얻어야 하는 경우

1.5 연구 참여에 대한 보상

연구자는 연구 참여에 대해 적절한 정도의 보상을 한다. 그러나 연구 참여를 강요하게 될 정도로 지나치게 부적절한 금전적 또는 기타의 보상을 제공하지 않는다. 또한 연구 참여에 대한 보상으로 전문적 서비스를 제공할 시, 연구자는 그 서비스의 본질뿐만 아니라, 위험, 의무, 한계를 분명히 하여야 한다.

1.6 연구에서 속이기 (deception)

연구자는 속이기 기법을 사용하는 것이 연구에서 예상되는 과학적, 교육적, 혹은 응용 가치에 의해서 정당한 사유가 되고, 또한 속임수를 쓰지 않는 효과적인 대안적 절차들이 가능하지 않다고 결정한 경우를 제외하고는 속임수가 포함된 연구를 수행하지 않는다. 또한 연구자는 연구에 참여할 사람들에게 신체적 통증이나 심한 정서적 고통을 일으킬 수도 있다는 정보를 알려주고 속이지 않는다. 연구자는 실험에서 속임수를 사용했다면, 가능한 빨리, 가급적이면 연구 참여가 끝났을 때, 아니면 늦어도 자료수집이 완료되기 전에 설명함(debriefing)으로써, 참여자들에게 자신의 실험 자료를 철회할 수 있는 기회를 준다.

1.7 연구 참여자에 대한 사후보고

연구자는 연구 참여자들에게 연구의 본질, 결과 및 결론에 대한 정보를 제공하는 것이 과학적 가치와 인간적 가치를 손상시키지 않는 한, 연구 참여자들이 이에 대한 정보를 얻을 수 있는 기회를 제공한다. 또한 연구자는 연구절차가 참여자들에게 피해를 입혔다는 것을 알게 되면, 그 피해를 최소화하기 위한 조처를 한다.

1.8 동물의 인도적인 보호와 사용

심리학 연구에서 동물실험은 불가피할 수 있다. 그러나 심리학자의 기본 의무는 생명을 존중하는 것이므로 동물을 대상으로 연구할 때 동물실험 이외의 대안적 방법이 없는지에 대해 신중히 생각하고, 대안이 없을 경우에만 한국심리학회 윤리규정 제31조에 따라 동물을 대상으로 연구한다.

2절; 연구 결과 보고 및 발표 윤리

1.9 연구결과 보고

연구자는 자료를 조작하지 않으며, 연구대상 개개인이 식별될 수 있는 자료는 익명화하여 보고하여야 한다. 또한 연구자는 출판된 자신의 자료에서 중대한 오류를 발견하면, 정정, 취소, 정오표 등 적절한 출판수단을 사용하여 오류를 바로잡기 위한 조치를 취한다.

1.10 연구 부정행위 금지

연구부정행위라 함은 연구의 제안, 연구의 수행, 연구결과의 보고 및 발표 등에서 행하여진 주요부정행위(위조·변조·표절·이중출판)와 부적절행위를 말한다(한국심리학회 연구진실성 심사운영세칙, 2009).

1.10.1 주요 부정행위

주요부정행위는 위조, 변조, 표절, 이중출판을 포함한다. 각 용어에 대한 정의는 다음과 같다.

"위조"라 함은 존재하지 않는 자료(data) 또는 연구결과 등을 허위로 만들어 내는 행위이다.

"변조"라 함은 연구 재료·장비·과정 등을 인위적으로 조작하거나 자료(data)를 임의로 변형·삭제함으로써 연구 내용 또는 결과를 왜곡하는 행위이다.

"표절"이라 함은 이미 발표되거나 출간된 타인의 연구 내용 결과 등의 전부 또는 일부를 인용 없이 그대로 사용하거나, 다른 형태로 변화시켜 사용하는 경우이다. 이는 사용언어가 다른 경우에도 해당된다.

a. 이미 발표되거나 출간된 타인의 연구 결과 중 핵심 개념의 전부 또는 일부를 인용없이 본인의 연구 개념처럼 발표·출간한 경우 표절에 해당한다. 이는 사용언어, 문장, 표현이 다른 경우에도 해당된다.

b. 통상적으로 타인 논문에서 연속적으로 두 문장 이상을 인용 없이 동일하게 발췌·사용하는 경우 표절이다. 이는 사용언어가 다른 경우에도 해당된다.

c. 타인이 이미 발표한 연구 내용을 발췌하여 사용할 때에는 따옴표를 사용하여 인용하여야 한다. 단, 학술지에 따라 예외가 있을 수 있다.

d. 기 발표된 타인의 연구 결과가 이미 교과서 또는 공개적 출판물에 게재된 아이디어, 사실, 공식, 기타 정보로서 일반적 지식으로 통용되는 경우 인용하지 않고 논문에 사용할 수 있다.

"이중출판"이라 함은 국내·외 출판을 막론하고 이전에 출판된 연구결과(출판 예정이나 출판 심사중인 자료 포함)를 새로운 결과인 것처럼 출판하거나 출판을 시도하는 행위이다.

1.10.2 이중출판

이미 발표된 연구자료(data)나 결과를 사용하여 출판하고자할 때에는,

출판하고자 하는 학술지의 편집자에게 심사 요청 시에 이전 출판에 대한 정보를 제공하고 이중출판에 해당하는지 여부를 확인하여야 한다.

연구자 본인의 동일한 연구 결과를 인용표시 없이 동일 언어 또는 다른 언어로 중복하여 출간하는 경우, 이중출판으로 주요부정행위이다. 또한, 대부분의 연구 자료가 같거나 대부분의 문장이 같은 경우도 이중출판에 해당할 수 있다. 학위논문을 학술지논문으로 출판하는 경우는 예외로 한다.

학술지논문으로 발표된 연구결과들을 모아서 저서로 출간하는 경우는 이중출판에 해당하지 않는다. 단, 이 경우에도 이미 발표된 출처를 명시하고 이미 발표된 결과들을 충실히 인용하여야 한다.

학술지에 실었던 논문내용을 대중서, 교양잡지 등에 쉽게 풀어 쓴 것은 이중출판에 해당하지 않는다. 그러나 이 경우 원출처를 명시하여야 한다.

연구자는 투고규정이 허용하는 범위에서 짧은 서간 형태(letter, brief communication등)의 논문을 출간할 수가 있다. 짧은 서간 논문을 출간한 후 긴 논문을 추가 출간하는 경우나, 연구 자료를 추가하거나, 해석이 추가되거나, 자세한 연구수행과정 정보 등이 추가되는 경우는 이중출판에 해당하지 않는다.

이미 출판된 논문이나 책의 일부가 원저자의 승인 하에 다른 편저자에 의해 선택되고 편집되어 선집(anthology)의 형태로 출판되거나 학술지의 특집호로 게재되는 경우 이중출판으로 간주하지 않는다.

동일한 연구 결과를 다른 언어로 다른 독자에게 소개할 때 원 논문을 인용할 경우는 이중출판으로 간주하지 않는다.

동일한 연구를 다른 언어로 번역하여 투고하는 것은 이중출판으로 간주한다. 단, 다른 언어의 학술지에서 그 논문을 인지하고 그 편집장으로부터 사전 동의를 받아 해당 언어로 번역하여 투고하는 경우는 이중출판으로 간주하지 않는다.

이미 출판한 학술지 논문이나 학술대회 발표집 논문 혹은 심포지움 발표집 논문을 타 학술지에 게재하고자 하는 경우, 해당 학술지의 동의가 있으면 이중출판으로 간주하지 않는다. 단, 이 경우 원 논문을 인용해야 한다.

1.10.3 부적절행위

주요 부정행위처럼 직접 책임이 있는 심각한 행위는 아니지만, 결과적으로 책임 있는 연구 수행을 방해하거나 위해하는 행위이다. 구체적으로는 아래와 같다.

부당한 논문저자 표시 : 연구내용 또는 결과에 대하여 과학적·기술적 공헌 또는 기여를 한 사람에게 정당한 이유 없이 논문저자 자격을 부여하지 않거나 그렇지 않은 자에게 감사의 표시 또는 예우 등을 이유로 논문저자 자격을 부여하는 행위, 단순히 어떤 지위나 직책에 있다고 해서 저자가 되거나 제1저자로서 기재되는 것은 연구부적절행위이다.

조사방해 행위 : 본인 또는 타인의 부정행위 의혹에 대한 조사를 고의로 방해하거나 제보자에게 위해를 가하는 행위

연구비 부당사용 및 연구결과 과장홍보

타인에게 부정행위를 행할 것을 제안·강요하거나 협박하는 행위

과거에 발생한 주요부정행위의 결과를 직접 인용하여 연구의 내용을 구성하는 행위

1.11 출판 업적

1.11.1 연구자는 자신이 실제로 수행하거나 공헌한 연구에 대해서만 저자로서의 책임을 지며, 또한 업적으로 인정받는다.

주저자(책임저자), 제1저자, 교신저자, 공동저자 주저자(책임저자)는 주연구자, 연구그룹장(팀장) 또는 실험실 책임자 등이 된다. 주저자

의 역할은 논문에 포함된 모든 자료를 확인하며 연구결과물의 정당성에 대해 책임을 지는 일, 그리고 논문원고 준비동안에 공저자간의 의견교환이 이루어지도록 하는 일도 맡는다. 주저자는 제1저자, 공동저자, 또는 교신저자가 될 수 있고, 연구에 기여한 정도에 따라 저자명 기재의 순서를 정하기 위하여 저자들간 합의를 도출한다.

제1저자는 저자순서에서 제일 처음에 위치한 연구자로서 자료/정보를 만드는데 중요한 역할을 하고 그 결과를 해석, 원고의 초안을 작성한자로 규정한다. 주저자가 제1저자가 될 수도 있다.

교신저자는 투고저자라고도 하며 학술지에 논문을 출판하기 위하여 원고를 제출하는 저자로 논문투고, 심사자와 교신역할을 하며, 연구물의 첫 장 각주에 교신저자의 연락처를 제시한다. 논문의 교신저자는 저자들간 합의에 따라 주저자, 제1저자, 또는 공동연구자가 할 수 있으며 학위논문에 기초한 경우 학생 또는 논문지도교수가 할 수 있다. 교신저자가 주저자가 아닌 경우에는 연구물의 첫 장 각주에 주저자의 연락처도 제시해야 한다.

공동저자는 연구의 계획, 개념 확립, 수행, 결과분석, 및 연구결과 작성 과정에서 중요한 연구정보를 상의하고 결론에 도달하는데 기여한자를 말한다.

1.11.2   출판물에서 저자로 기재되는 경우는 학술적·전문적 기여가 있을 때에 한정된다. 작은 기여는 각주, 서문, 사의 등에서 적절하게 고마움을 표하는 것으로 한다.

1.11.3   학술적·전문적 기여라 함은 실제로 글을 쓰거나 연구에 대한 상당한 기여를 의미한다. 상당한 기여는 가설이나 연구문제의 설정, 실험의 설계, 통계분석의 구조화 및 실시, 그리고 결과해석을 포함하는 주요부분의 집필을 포함한다.

1.11.4 예외적인 상황을 제외하고, 학생의 석사학위 또는 박사학위 논문을 실질적 토대로 한 여러 명의 공동 저술인 논문에서는 학생이 제1저자가 된다. 단, 학위논문을 대폭수정 하거나 추가 경험 자료를 수집하여 보완한 경우, 그리고 기타 예외적인 상황이 존재할 때는 그렇지 아니하다.

1.11.5 학위논문의 축약본이나 일부를 출판할 경우 그러한 사항을 논문 첫 쪽의 각주에 명시한다.

1.12 결과 재검증을 위한 연구자료 공유

1.12.1 연구결과가 발표된 후, 다른 연구자가 재분석을 통해 발표된 결과를 재검증하기 위한 목적으로 연구자료를 요청하면, 연구참여자에 대한 기밀이 보호될 수 있고, 또 소유한 자료에 대한 법적 권리가 자료 공개를 금하지 않는 한, 심리학자는 자료를 제공한다.

1.12.2 전항에 의해 자료제공을 받은 심리학자는 오로지 그 목적으로만 자료를 사용할 수 있으며, 그 외의 다른 목적으로 자료를 사용하고자 할 경우에는 사전에 서면 동의를 얻어야 한다.

3절; 저작권copyright

1.13 저작권과 연구자 책임

논문의 완성에 기여한 연구자들은 저작권을 지니며, 복수의 저자가 관여한 경우에 저작의 기여도는 이름이 나타나는 순서로 표시한다. 책임 연구자는 공동 연구자들에게 그들의 이름이 저작물에 들어가는 것에 대한 동의를 구하여야 하며, 공동 연구자들도 저작물에 대하여 책임 연구자와 더불어 공동 책임을 지닌다. 연구물이 최종적인 출판 과정에 들어갈 때까지는, 책임 연구자가 공동 연구자들에게서 공동 연구자로 들어감을 동의한다는 서명을 받아서 제출하여야 한다.

1.14 저작권의 학회 이양

한국심리학회 또는 학회지를 발행하는 분과 학회는 학회지에 게재된 모든 논문의 저작권(디지털 저작권 등 포함)을 저자들에게서 이양 받아 출판 후 50년간 관리한다.

4절; 연구윤리 위반 처리 절차

한국심리학회에서는 심리학자의 연구윤리를 확립하고 연구부정행위를 사전에 예방하며, 연구 부정행위 발생 시 공정하고 체계적인 진실성 검증과 처리를 위한 심사·판정 등에 관한 사항을 규정(2009년 02월 25일 제정)하여 운영하고 있다. 이 규정 가운데 절차부분을 소개한다.

1.15 절차에 대한 정의(제4조)

① "제보자"라 함은 연구부정행위를 인지한 사실 또는 관련 증거를 상벌 및 윤리위원회에 알린 자를 말한다.

② "피조사자"라 함은 제보 또는 상벌 및 윤리위원회의 인지에 의하여 연구부정행위의 조사 대상이 된 자 또는 조사 수행 과정에서 연구부정행위에 가담한 것으로 추정되어 조사의 대상이 된 자를 말한다.

③ "예비조사"라 함은 연구부정행위의 혐의에 대하여 본 상벌 및 윤리위원회가 조사할 필요가 있는지 여부를 결정하기 위하여 필요한 절차를 말한다.

④ "본조사"라 함은 연구부정행위의 혐의에 대한 사실 여부를 파악하기 위한 절차를 말한다.

⑤ "판정"이라 함은 본조사를 완결하고, 결과에 대한 처리를 제보자와 피조사자에게 문서로써 통보하는 절차를 말한다.

1.16 적용범위(제5조)

이 세칙은 한국심리학회 회원이 발표하는 출판물에 대하여 적용한다.
단, 이 세칙이 발효되는 시점 이후의 출판물에 국한하여 적용한다.

1.17 적용절차(제6조)

① 제보 또는 상벌 및 윤리위원회의 인지에 의해서 혐의가 접수된지 15일 이내에 상벌 및 윤리위원장은 예비조사를 위해서 연구진실성예비

조사위원회(이하 "예비조사위원회")를 구성한다.

2 예비조사 결과로 본조사의 필요가 결정되면, 10일 이내에 상벌 및 윤리위원장은 연구진 실성 본조사위원회(이하 "본조사위원회")를 구성한다.

3 본조사위원회로부터 본조사 완결보고서를 접수한 후 상벌 및 윤리위원회에서 최종 판정과 조치를 결정하면, 상벌 및 윤리위원장은 1주일 이내에 판정사항을 관계자(제보자, 기고자) 및 필요한 경우 해당기관에 알린다.

4 예비조사 착수 이후 판정에 이르기까지의 모든 일정은 6개월 이내에 종료되어야 한다.

1.18 예비조사위원회(제7조)

1 (구성) 위원회는 위원장 1인을 포함한 6인의 위원으로 구성한다. 위원은 상벌 및 윤리위원회에서 선정하며 위원장은 위원 중 호선한다.

2 (위원장) 위원장은 위원회를 대표하고, 회의를 주재하며, 부득이한 사유로 직무를 수행할수 없는 때에는 위원장이 미리 지명한 위원이 그 직무를 대행한다.

3 (회의)

1) 위원장은 위원회의 회의를 소집하고 그 의장이 된다.

2) 회의는 재적위원 과반수이상의 출석과 출석위원 3분의 2이상의 찬성으로 의결한다.

3) 회의는 심의안건에 따라 가능한 경우 전자우편 또는 서면심의로 대체할 수 있다.

4) 위원회에서 필요하다고 인정될 때에는 위원이 아닌 자를 출석케 하여 의견을 청취할 수 있다.

1.19 연구부정행위 제보 및 접수(제8조)

① 제보자는 상벌 및 윤리위원회에 구술·서면·전화·전자우편 등 가능한 모든 방법으로 제보할 수 있으며 실명으로 제보함을 원칙으로 한다. 다만, 익명으로 제보하고자 할 경우 서면 또는 전자우편으로 연구과제명 또는 논문명 및 구체적인 연구부정행위의 내용과 증거를 제출하여야 한다.

② 제보자의 신분에 대한 비밀보장은 철저히 한다.

③ 제보 내용이 허위인 줄 알았거나 알 수 있었음에도 불구하고 이를 신고한 제보자는 보호 대상에 포함되지 않는다.

1.20 예비조사의 기간 및 방법(제9조)

① 예비조사는 제보·인지의 접수일로부터 15일 이내에 착수하고, 조사 시작일로부터 30일 이내에 예비조사 결과보고서를 상벌 및 윤리위원장에게 제출함으로써 완료한다.

② 예비조사에서는 다음 각 호의 사항에 대한 검토를 실시한다.

1) 제보내용이 본 학회의 연구 진실성 심사 운영세칙 제2조가 정한 연구부정행위에 해당하는지 여부

2) 제보내용이 구체성과 명확성을 갖추어 본조사를 실시할 필요성과 실익이 있는지 여부

1.21 예비조사 결과보고서(제10조) 예비조사 결과보고서에는 다음 각 호의 내용이 포함되어야 한다.

① 제보의 구체적인 내용

② 조사의 대상이 된 연구 부정행위 혐의

③ 본조사 실시 여부 및 판단의 근거

④ 기타 관련 증거 자료

1.22 예비조사 결정(제11조)

예비조사에서 결정한 본조사 실시 여부에 대한 구체적 사유를 결정일로부터 10일 이내에 제보자에게 문서로서 통보한다. 단, 익명 제보의 경우에는 그러하지 않다.

1.23 본조사 착수 및 기간(제12조)

① 예비조사 완료 후 30일 이내에 착수되어야 하며, 이 기간 동안 본조사위원회를 구성하여야 한다.

② 본조사는 조사 시작일로부터 60일 이내에 완료하도록 한다.

③ 조사위원회가 제2항의 기간 내에 조사를 완료할 수 없다고 판단될 경우 위원회에 그 사유를 설명하고 조사기간의 연장을 요청할 수 있다.

④ 본조사위원회는 본조사 결과보고서를 상벌 및 윤리위원장에게 제출함으로써 임무를 완료한다.

1.24 본조사위원회의 구성(제13조)

① 본조사위원회는 상벌 및 윤리위원회가 한국심리학회 편집위원회 혹은 관련 분과학회와 공조하여 6인 이상의 위원으로 구성한다.

② 조사위원회에는 해당 연구 분야의 전문적인 지식 및 경험이 풍부한 자를 3인 이상 포함한다.

③ 위원장은 위원 중에서 호선한다.

④ 당해 조사 사안과 이해관계가 있는 자를 조사위원회에 포함시켜서는 안된다.

1.25 출석 및 자료제출 요구(제14조)

1 본조사위원회는 제보자·피조사자·증인 및 참고인에 대하여 진술을 위한 출석을 요구할 수 있다.

2 본조사위원회는 피조사자에게 자료의 제출을 요구할 수 있다.

3 제1항 및 제2항의 출석요구와 자료제출요구를 받은 피조사자는 반드시 이에 응하여야 한다.

1.26 예비조사 또는 본조사에서 제보자와 피조사자의 권리 보호 및 비밀엄수(제15조)

1 어떠한 경우에도 제보자의 신원을 직·간접적으로 노출시켜서는 안 되며, 제보자의 성명은 반드시 필요한 경우가 아니면 제보자 보호 차원에서 조사결과 보고서에 포함하지 아니한다.

2 연구 부정행위 여부에 대한 검증이 완료될 때까지 피조사자의 명예나 권리가 침해되지 않도록 주의하여야 하며, 무혐의로 판명된 피조사자의 명예회복을 위해 노력하여야 한다.

3 제보·조사·심의·의결 및 판정 등 조사와 관련된 일체의 사항은 비밀로 하며, 조사에 직·간접적으로 참여한 자 및 관련 위원은 조사 및 직무수행 과정에서 취득한 모든 정보에 대하여 누설하여서는 아니 된다. 다만, 정당한 사유에 따른 공개의 필요성이 있는 경우에는 해당 위원회의 의결을 거쳐 공개할 수 있다.

1.27 본조사에서 제척·기피 및 회피(제16조)

1 위원이 당해 안건과 직접적인 이해관계가 있는 경우에는 그 조사에서 제척된다.

2 본조사위원회는 직권 또는 당사자의 신청에 의하여 제척의 결정을 한다.

③ 본조사위원에게 조사수행의 공정을 기대하기 어려운 사정이 있는 경우에는 제보자와 피조사자는 기피신청을 할 수 있다. 다만, 동일한 사안에 대하여 2인 이상의 위원을 기피할 수 없다.

④ 본조사위원은 제1항 또는 제3항의 사유가 있는 때에는 위원장의 허가를 얻어 회피할 수 있다.

1.28 본조사에서 이의제기 및 변론의 권리 보장(제17조)

본조사위원회는 제보자와 피조사자에게 의견진술, 이의제기 및 변론의 권리와 기회를 동등하게 보장하여야 한다.

1.29 본조사결과보고서의 제출(제18조)

① 본조사위원회는 의견진술, 이의제기 및 변론내용 등을 토대로 본조사 결과보고서를 작성하여 상벌 및 윤리위원장에게 제출한다.

② 본조사 결과보고서에는 다음 각 호의 사항이 포함되어야 한다.

1) 제보 내용

2) 조사의 대상이 된 부정행위 혐의 및 관련 연구물

3) 해당 연구물에서의 피조사자의 역할과 혐의의 사실 여부

4) 관련 증거 및 증인

5) 조사결과에 대한 제보자와 피조사자의 이의제기 또는 변론 내용과 그에 대한 처리결과

6) 연구 부정행위 여부에 대한 결론 및 판정/조치에 대한 추천

7) 조사위원 명단 및 서명

1.30 판정 및 조치(제18조)

① 상벌 및 윤리위원장은 본조사결과보고서를 제출받아 연구부정행위가

있는 경우, 15일 이내에 상벌 및 윤리위원회를 소집하여 판정 및 조
치를 결정한다.

② 연구부정행위 해당논문은 학술지 논문목록에서 삭제되고, 해당저자
(들)은 1–3년간 한국심리학회 산하 학술지에 투고를 금지한다. 또한
학회 회원 자격 여부(회원자격 박탈, 회원자격정지, 자격(면허) 상실,
자격(면허)정지)에 대한 징계를 할 수 있다.

1.31 기록의 보관 및 공개(제19조)

① 예비조사 및 본조사와 관련된 기록은 상벌 및 윤리위원회에서 보관
하며, 조사 종료 이후 5년간 보관하여야 한다.

② 본조사 결과보고서는 판정이 끝난 이후에 공개할 수 있으나, 제보자
·조사위원·증인·참고인·자문에 참여한 자의 명단 등 신원과 관련
된 정보에 대해서는 당사자에게 불이익을 줄 가능성이 있을 경우 공
개대상에서 제외할 수 있다.

▶ 연구윤리점검표

체크		점검사항
예 ☐	아니오 ☐	다른 연구자들의 미발행된 도구, 절차, 혹은 자료를 사용할 때 그 연구자로부터 승인을 얻었는가?
☐	☐	투고 논문에 제시되어 있는 다른 발행된 저작물들의 인용이 적절하게 이루어졌는가?
☐	☐	연구에 대한 기관의 승인(IRBs)이 요구될 때, 연구계획에 대한 정확한 정보를 제공하고 승인을 얻었는가?
☐	☐	연구 참여자의 동의를 얻고 사용한 절차에 대한 사후설명이

		이루어졌는가?
☐	☐	동물실험인 경우, 연구에서 동물의 보호와 인도적 책임을 다 하였는가?
☐	☐	모든 저자들이 원고를 검토하고 그 내용에 대한 책임에 동의 하였는가?
☐	☐	연구 참여자, 내담자—환자, 조직, 제3자, 혹은 정보원이 되는 사람들에 대한 비밀보장이 적절하게 이루어졌는가?
☐	☐	모든 저자들은 저자표기(authorship : 저자순서와 교신저자 등) 에 동의하였는가?
☐	☐	연구에 저작권이 있는 자료를 사용할 때, 사용승인을 받았는가?
☐	☐	연구에서 주요부정행위(위조·변조·표절·이중출판)나 부적절행위 가 이루어지지 않았는가?

chapter 2
논문의 구성

논문의 구성

학술 연구의 결과는 과학적 학술지, 학술대회, 세미나, 워크숍 등과 같은 여러 경로를 통해 다른 사람들과 공유할 수 있다. 그러나 학술대회나 세미나 등과는 달리 연구 결과를 과학적 학술지를 이용하여 발표할 때 연구의 본말을 자세히 서술할 수 있을 뿐 아니라, 장기간 보존되고 인용될 수 있다는 이점을 지니고 있다. 이처럼 학술지에 발표되는 연구물들은 후속 연구자들에게 귀중한 참고 자료가 되며, 불필요하거나 반복적인 연구를 피하고, 선행연구의 한계를 개선함으로써 더 발전된 연구를 수행하도록 하는 데 도움을 준다.

학술지가 학술 발전에 기여하기 위해서는, 보고될 연구 내용이 최대한의 질적 수준을 갖추어야 하며, 적합하고 효율적인 의사소통의 규칙들을 따라 기술되어야 한다. 연구 논문의 작성과 심사에서 질적 수준과 규칙의 강조는 연구자와 심사자 모두에게 성가신 것으로 여겨질 수 있지만, 그 결과로 연구의 성과는 한층 명확함과 세련미를 지니게 된다. 이는 저자와 독자 및 해당 학술 분야 모두에 이로운 일이다. 그런 점에서 정규 학술지는 연구자들에게 그 분야의 학문적 발전에 기여하는 중요한 통로라고 볼 수 있다.

이 장에서는 연구 논문들의 유형, 요구되는 보고 기준과 질적 수준, 논문 저자(들)의 문제, 그리고 논문의 틀과 구성 요소들에 대하여 기술할 것이다.

1절; 논문의 유형과 보고 기준

2.1 논문의 유형

학술논문은 일반적으로 실증적 연구, 문헌 개관 연구, 이론 연구, 방법론 연구, 그리고 사례 연구에 대한 보고서를 의미하며, 한국심리학회가 발간하는 논문들은 다른 곳에 발표되지 않은 일차적 간행물이어야 한다. 학술지에 발표되는 논문들의 유형은 다음과 같다.

2.1.1 실증적 연구(empirical studies): 이는 실험이나 조사와 같은 경험적 연구법을 동원한, 독창적인 연구의 보고서를 말한다. 실증적 연구 논문은 연구 과정의 각 단계를 반영하는 서론, 방법, 결과, 논의 등의 부분들로 구성된다. 각 부분에 대해서는 다음절에서 설명하고자 한다.

2.1.2 개관 논문(literature review articles): 이는 이미 출간된 연구 자료에 대한 비평적 평가 및 종합, 혹은 메타분석(meta analysis; Glass, McGaw, & Smith, 1981)을 행한 논문을 가리킨다. 개관 논문에서 저자는, 쟁점과 문제를 정의하고 명확히 하며, 선행 연구들을 요약하여, 현재 연구 상황을 알리며, 쟁점 해결에 필요한 그 다음 단계(들)를 제안하여야 한다. 개관 논문은 개념이나 이론의 유사성, 방법론적 유사성, 역사적 발달과정 등 다양한 방법으로 구성할 수 있다.

2.1.3 이론 논문(theoretical articles): 이는 심리학의 이론을 발전시키기 위해 기존의 연구들을 참조하면서 논의를 전개하는 논문을 가리킨다. 개관 논문과 이론 논문은 비슷한 구조를 갖지만, 이론 논문은 이론적 논의와 관련될 때만 경험적 정보나 자료를 제시한다. 저자는 이론적 구성을 확장하고 다듬기 위해 이론(들)의 전개 과정을 추적하며, 흔히 새로운 이론을 제시하기도 한다. 아니면, 기존 이론(들)을 분석하여 오류를 지적하거나 이론들 간의 비교 우위를 입증한다. 이론 논문의 내용들은 관련성에 따라 배치된다.

2.1.4 방법론 논문(methodological articles): 이는 새로운 방법론적 접근, 현재 사용되는 방법에 대한 수정, 또는 계량적이고 자료 분석적인 접근에 대한 논의를 목적으로 하는 논문을 가리킨다. 이러한 논문들은 방법론적이거나 자료 분석적인 접근에 초점을 맞추고, 이러한 접근법에 대한 설명을 위해 실증적 자료(empirical data)를 소개한다. 또한 해당 분야에 정통한 연구자들이 이해하기 쉽고, 연구자들이 자신의 연구 문제에 대한 방법론의 적용가능성을 평가하기에 충분한 상세설명을 제공해야 한다. 더불어 독자들로 하여금 새로 제안된 방법론이 기존에 사용되는 방법론과 비교할 수 있도록 하고, 실제로 사용할 수 있도록 해야 한다. 방법론 논문에서, 사용되는 전문적인 자료(예: 정리의 전개, 논증, 모의실험의 상세 설명 등)들은 논문의 가독성(readability)을 증진시키기 위해 반드시 부록 또는 보충 자료로 제시되어야 한다.

2.1.5 사례 연구(case studies): 이는 개인, 집단, 공동체, 또는 조직수준에서 연구하는 동안 얻어진 사례 자료를 보고하는 것을 가리킨다. 사례 연구는 문제점을 설명하거나, 문제를 해결하기 위한 수단을 나타내거나, 또는 추가연구, 임상적 적용, 혹은 이론적인 문제들을 명백히 한다.

2.1.6 기타: 비정기적으로 게재되는 또 다른 형태의 논문들로 요체보고 (brief report), 논평(comment), 선행연구에 대한 반론(reply), 서적 개관 (book review), 그리고 독립논문(monograph) 등이 있다. 이 유형들 중 어디에 속하는지는 각 논문이 다루는 내용의 범위와 독자성 등에 따라 판단된다. 어떠한 유형이든, 각 논문은 논리적이고 일관성 있게 조직되어야 한다. 저자들은 이런 논문들의 허용 여부, 게재 절차, 원고 형식에 관한 정보를 해당 학술지 편집위원회에 문의해야 한다.

2.2 논문의 보고 기준

논문의 보고 기준은 실증적 연구들의 결과보고에 공통적으로 포함된 정보를 이해하는 데 도움을 준다. 보고 기준은 행동학, 사회학, 교육학, 의학, 그리고 심리학 등의 과학적 학문분야에서 발전되어 왔으며, 통일성 있는 보고 기준은 다양한 연구의 결과들을 체계적으로 이해하고 일반화시키는 데 중요한 역할을 한다.

보고 기준은 특정 연구의 초점이나 특정 학술지의 규칙이 아닌 오랜 시간동안 축적된 선행의 연구들과 그 연구들의 설계를 바탕으로 정립된 논문에서 보고되어야 하는 공통적인 규칙을 의미한다. 일반적으로 논문에는 (1) 초록, (2) 연구문제의 개관, (3) 연구의 방법, (4) 통계적 결과, 그리고 (5) 결과의 논의 등으로 나누어져 있으며, 각 소절에는 전체적인 연구를 고려하여 보고 기준에 적절한 내용을 서술해야 한다.

2.3 논문의 질적 수준

연구 논문의 저자는 학술지에 게재를 신청하기 전에, 자신의 연구가 발표될 만한 가치를 지니고 있는지를 판단하여야 한다. 그리고 학술지의 논문 심사 기준이나 편집 방침을 숙지하여야 한다. 연구의 가치와 보고와 관련하여 다음 질문들을 고려해야 한다.

2.3.1 연구의 가치에 관련된 사항들

(1) 이 연구가 다루고 있는 문제가 중요하며, 이 연구가 독창적인가?

(2) 연구 설계의 논리가 명확하며, 가설을 제대로 검증할 수 있는가?

(3) 연구에 사용된 도구가 충분히 신뢰로우며, 타당한 것으로 입증되었는가?

(4) 연구 수행에서 미묘하지만 중요한 측면에 대해, 필수적인 통제를 하였는가?

(5) 측정치가 연구자가 관심을 두고 있는 변인을 잘 반영하고 있는가?

(6) 연구의 참여자가 연구 결과를 일반화하고자 하는 모집단을 대표하는가?

(7) 연구 참여자에 대해 적절한 윤리적 기준을 준수했는가?

(8) 연구 결과를 대외적으로 발표할 수 있을 만큼 이 연구가 해당 분야의 발전에 기여하는가?

2.3.2 연구의 보고와 관련된 사항들

(1) 기본적으로 한 연구를 말만 바꾼 여러 개의 논문들로 발표하는 것은 아닌가?

(2) 저인망식 연구를 하는 것은 아닌가? 즉, 선행 연구를 사소하게 변경한 결과를 보고하는 것이 해당 주제의 이해에 어떤 기여를 하는가?

(3) 더 분석적인 통계 처치가 가능함에도 단순한 통계 분석만을 적용한 것은 아닌가? 예컨대 단순 상관계수들은 비록 유의하더라도 여러 가지로 해석될 수 있으므로, 명확한 관계를 보이기 위한 추가분석이 이루어 질 수 있다.

(4) 필요한 통계 분석을 빠뜨리지 않았는가? 예컨대, 요청되는 검증력(power)분석이나 효과 크기의 분석을 하였는가?

(5) 연구 수행의 세부 사항들을 불충분하거나 부정확하게 서술한 것은 아닌가?

2절; 논문의 구성요소와 내용

학술지에 발표되는 대부분의 논문들은 실증적 연구 논문이므로, 여기서는 이를 기준으로 논문의 틀과 구성요소들을 서술하겠다. 개관 논문이나 이론 논문과 같은 비실증적 연구 논문의 내용들은 논의의 흐름에 따라 항목들을 적절히 구성하여야 한다.

2.4 논문의 틀

한국심리학회지에 게재되는 논문은 기본적으로 다음과 같은 항목들을 포함하여야 한다. 아울러 특별한 이유가 없는 한, 제시된 순서로 논문을 작성하여야 한다. 영문으로 작성된 경우에는 참고문헌 뒤에 한글 초록을 작성한다.

절 구성	포함 내용
제 목	연구 변수(들)와 이론적 논제(들) 및 그것들의 관계성
저자명 소속	제목 바로 하단에 저자(들)의 성명과 소속 명기 제목 페이지의 하단에 저자 주 명기(연구비 지원 기관명과 과제 번호, 교신저자의 성명, 소속 기관명, 주소)

초 록	연구 문제 참여자 혹은 피험체 연구 방법(표본크기, 도구, 결과 측정치, 자료수집절차, 연구 설계) 결과(효과크기, 신뢰구간, 통계적 유의미 수준) 결론과 시사점 주요어
서 론	연구 문제의 중요성(이론적 혹은 실제적 함의) 선행연구(이론) 개관(선행연구와의 관련성, 선행연구와의 차별성) 가설(연구 문제) 및 연구목적(가설 도출을 위해 사용된 이론) 가설과 연구 설계의 관련성
방 법	참여자(인구통계학적 및 연구와 관련된 중요한 특성) 표집절차(참여자 선정 절차, 데이터 수집 장면이나 장소, 참여자의 연구 참여 동의와 보상, 연구검토위원회(IRB)의 동의 및 윤리 기준 충족 여부 등) 표본크기 및 표본크기 결정 방법 측정치 및 자료 수집 방법 연구설계(실험조작 조건 혹은 자연 관찰 조건, 연구설계유형 등)
결 과	통계 및 자료분석
논 의	가설의 지지여부 선행연구결과와의 유사성과 차이점 결과 해석(잠정적 편향 가능성과 내적 타당도 위협 가능성, 측정의 정확도, 연구의 제한점 등) 결과의 일반화 가능성(외적 타당도) 후속연구(프로그램, 정책 등)를 위한 함의
참고문헌	연구에 인용된 모든 문헌을 참고문헌 목록에 명시
영문초록	제목, 저자명과 소속, 영문요약과 주요어
부 록	해당되는 경우(자체 개발된 프로그램, 부수적 검증 통계치, 수학적 증명, 자극재료 목록, 복잡한 장비의 상세한 묘사, 자체 개발된 척도 등)

각 항목들에 대한 상세한 설명은 이하의 절들을 참조하라. 만일 자신의 경험적 연구를 서술하는 데에 위의 틀이 적합하지 않을 경우에는, 논문심사를 위해서 투고하기 전에 미리 해당 편집위원회와 상의할 필요가 있다.

2.5 제목

제목은 논문의 주요 논제를 간결하게 담고 있어야 한다. 저자는 연구에서 실제 사용한 변수, 혹은 탐구하는 이론적 논제를 제목에 포함시킴으로써 독자가 제목만으로도 연구의 내용을 짐작할 수 있도록 해야 한다. 제목의 주요 기능은 독자들에게 연구를 소개하는 것이지만, 또한 제목은 문의 내용에 대한 진술로서 초록집이나 정보 서비스에 사용되기도 한다. 좋은 제목은 논문의 머리말 표제(running head)로 쉽게 압축될 수 있어야 한다. 머리말 표제는 출간된 논문의 상단에 인쇄하는, 일종의 축약된 제목으로서 독자가 해당 논문을 쉽게 식별하는 데에 도움을 준다. 머리말 표제는 5-10 단어 정도의 길이로 한다.

제목은 여러 문헌 작업에서 색인으로 쓰이기 때문에 불필요한 단어는 쓰지 않도록 한다. 불필요한 단어의 사용은 제목의 길이를 늘어나게 할 뿐 아니라 오해의 소지를 제공할 수 있기 때문이다. 예를 들어, '방법'이나 '결과', '한 연구' 혹은 '한 조사' 같은 표현은 꼭 필요한지 자문할 필요가 있다. 제목에는 약어를 쓰지 않는 것이 정확한 색인 작업에 도움이 된다.

2.6 저자명 및 소속

제목의 바로 하단에 저자의 성명과 연구가 수행된 기관의 명칭을 기입한다.

2.6.1 저자의 성명: 한국인 저자의 성명은 성과 이름의 순서로 나열하며, 외국인 저자의 이름은 자국의 학술지에 통상적으로 쓰는 방식으로 표기한

다. 저자가 소지한 학위나 직책, 그리고 직위 등은 표기하지 않는다.

2.6.2 소속기관: 소속기관은 저자(들)가 연구를 수행할 때 소속되어 있던 기관을 가리킨다. 한 저자에게는 하나의 소속만이 허용된다. 저자가 발표하는 연구가 두 기관으로부터 실질적인 재정 지원을 받은 경우에는 이를 저자 주에 명기하되 이중소속을 표시할 수 없다. 소속된 기관이 없을 때에는, 거주하는 특별시/광역시와 구의 명칭 혹은 도와 시 또는 군의 지명으로 소속을 대신한다. 연구가 완료된 후 소속 기관이 변경되었다면, 현재의 소속은 저자 주에 표시한다.

2.7 초 록

초록은 논문의 내용을 포괄적으로 간략하게 요약한 것으로 독자가 초록을 읽고 논문의 내용을 빨리 파악할 수 있도록 서술되어야 한다. 독자들은 대체로 논문의 초록을 기초해서 논문의 전체내용을 읽을 것인지를 결정한다는 점에서 중요하며, 제목과 마찬가지로 논문 색인 등의 정보 서비스에 이용될 수 있다. 대부분의 독자들은 초록을 통해 그 논문을 접하고 논문의 유용성을 평가하게 되며, 특히 정보서비스에서 초록은 광범위한 분야의 이용자들에 의해 조회될 수 있음을 명심해야 한다. 초록은 문단의 구분 없이 150 단어(600자) 정도의 길이로 작성한다. 보다 명확한 초록을 작성하기 위해서는 다음의 사항을 유의해야 한다.

2.7.1 정확성(accurate): 연구의 내용과 목적을 정확하게 반영해야하며, 본문에 나타나지 않는 정보를 포함시키지 않는다. 선행연구를 확장(extend) 혹은 재검증(replication)하는 연구인 경우에는 이 사실을 명시하고, 선행연구의 저자와 연대를 인용한다. 초록에는 논문의 가치를 자평하거나, 주장을 기술하지 않아야 하며, 객관적 연구 성과를 기술하도록 한다.

2.7.2 논리성(coherent) 및 가독성(readable): 일인칭보다는 삼인칭을, 수동태보다는 능동태를 사용하여 명확하고 간결한 문장으로 기술한다. 계속적인 응용가능성을 지닌 결과 혹은 도출된 결론을 서술할 때에는 현재형을 쓰며, 조작된 구체적 변인이나 사용된 검사들을 서술할 때에는 과거형을 쓴다. 가능한 독자가 잘 이해할 수 있는 평이한 용어나 표현을 쓴다.

2.7.3 간결성(concise): 가급적 간결하게 서술하고 각 문장이 최대한의 정보를 전달할 수 있도록 쓴다. 제목을 되풀이하여 공간을 낭비하지 않도록 한다. 연구의 목적 혹은 주요 결과나 결론을 먼저 서술한다. 지엽적인 사실을 나열하지 않는다. 실제적 정보가 실리지 않은 표현은 쓰지 않는다.

2.7.4 실증 연구논문의 초록: (1) 연구목적 및 문제, (2) 실험대상 혹은 참여자의 정보, (3) 핵심적인 연구방법, (4) 통계적 측정치를 포함하는 주요 결과, 그리고 (5) 결론 및 함의와 적용 등을 서술한다.

2.7.5 개관 혹은, 메타분석을 사용한 연구의 초록: (1) 연구문제 및 관련성, (2) 적합한 연구 기준, (3) 주요연구들의 실험참여자 형태, (4) 주요 결과, (5) 제한점을 포함한 결론, 그리고 (6) 이론이나 지침 혹은, 적용을 위한 함의 등을 서술한다.

2.7.6 이론 연구의 초록: (1) 이론이나 모형에 기초가 되는 원리, 그리고 (2) 이론과 모형이 설명하는 실증적 현상 및 결과 등을 서술한다.

2.7.7 방법론 연구의 초록: (1) 기존에 논의된 방법의 일반적인 분류, (2) 제안된 방법의 핵심적인 특징, (3) 제안된 방법의 적용범위, 그리고 (4) 적절한 통계적 절차가 사용된 사례를 통한 제안된 방법의 실제효과성 등을

서술한다.

  2.7.8 사례 연구의 초록: (1) 연구주제 및 제시된 사례 혹은, 대상의 특징, (2) 제시된 사례에 나타난 문제의 본질, (3) 추가연구 혹은 이론을 위한 문제점 등을 서술한다.

2.8 주요어

  초록 다음에는 한 줄을 띄우고 주요어(keyword)란 명칭으로, 독자가 자신의 논문에서 요지를 파악하거나 정보 서비스에서 자신의 논문을 검색하는 데에 도움이 될 만한 주요 용어를 3~5개 선정하여 나열한다.

2.9 저자 주

  저자 주(author note)는 저자의 이름, 소속 등에 관한 사항을 가리킨다. 연구자는 저자 주를 이용하여 각 저자가 소속된 기관을 표시하고, 재정적 지원의 출처를 밝히며, 연구에 전문적인 도움을 준 동료들 및 개인적인 지원에 감사를 표하며, 그리고 관심 있는 독자가 논문과 관련하여 추가적인 정보를 얻고자 할 때 접촉할 수 있는 교신저자에 대한 정보를 제공한다.

  또한 저자 주는 연구의 근거를 언급하기 위해서도 쓰인다. 예컨대 해당 논문이 박사학위 논문 혹은 대규모 학제적 연구계획의 한 부분임을 밝히거나, 연구 결과의 일부 혹은 전부가 학술대회에서 발표되었음을 밝히거나, 갈등을 유발할 수 있는 이해관계를 미리 설명하기 위해 사용된다. 이미 발표된 논문의 개정, 축약, 확장된 판을 발표하는 저자들은 저자 주에서 이런 사실을 밝혀야 한다.

2.10 서론

서론에서 연구 문제를 소개하고, 연구 배경을 서술하며, 연구의 목적과 논리를 진술한다. 서론의 시작 부문에서 '서론', '머리말', 혹은 '들어가는 글' 등의 제목을 달지 않고, 바로 내용을 서술한다.

2.10.1 **문제의 소개:** 연구하고자 하는 구체적인 문제와 연구 전략을 서술한다. 이와 관련된 논의와 자료를 한두 문단으로 요약함으로써 독자로 하여금 무엇이 왜 수행되었는지를 이해할 수 있게 한다. 다음 사항들을 고려한다.

(1) 문제의 요점이 무엇인가?

(2) 연구 가설과 실험설계가 어떻게 관련되나?

(3) 이 연구의 이론적, 실제적 함의는 무엇이며, 선행 연구들과 어떻게 관련되나?

(4) 어떤 이론적 명제들을 검토하며, 이들을 어떻게 도출하였나?

2.10.2 **연구 배경의 서술:** 관련 연구 문헌을 논의하되 철저한 역사적 개관을 할 필요는 없다. 독자가 해당 분야에 대해 어느 정도의 지식을 가지고 있으므로 광범위한 논의는 필요 없는 것으로 가정한다. 선행 연구의 인용 및 그 내용의 구체적인 출처를 표시함(crediting)으로써 저자의 학문적 책임감을 표시한다. 그러나 지엽적이거나 일반적인 연구를 인용할 필요는 없다. 다시 말해, 현재 연구의 내력을 적절히 소개하고 관련 선행 연구를 충분히 참고하였음을 기술하는 것이다.

(1) 선행 연구를 요약하는 경우에, 중요하지 않은 세부 사항은 피하고, 해당 연구와 관련되는 발견, 방법론적인 논제들, 그리고 주요한 결론을 중심으로 서술한다. 해당 주제에 대한 자료나 개관 문헌을 독자가 참조할 수 있도록 제시한다.

(2) 이전 연구와 현재 연구간의 논리적 연속성을 보여 준다. 가능한 한 다양한 전문 독자들이 이해할 수 있게 폭넓게 다루며, 명확하게 연구 문제를 진술한다. 지나치게 간결하게 처리하여 일부의 전문가들만이 이해할 수 있는 글을 써서는 안 된다.

(3) 논쟁 중인 문제들은 공평하게 다루도록 한다. 막연하고 애매한 결론을 내리기보다는 각기 다른 연구들이 각기 다른 결론을 지지한다는 식의 진술이 더 낫다. 논의를 제시할 때 적대적인 논쟁을 삼가며, 맥락을 벗어난 권위(이를테면, 연구기관의 명성 등)를 인용함으로써 자신의 주장이나 연구를 정당화하는 일을 삼간다.

2.10.3 **연구 목적과 논리의 진술**: 연구 문제와 배경을 서술한 다음, 마지막으로 자신이 행한 연구를 서술한다. 여기에서 자신의 연구 가설을 정확히 진술하고, 조작한 변수들을 정의한다. 다음 사항들을 명백히 한다.

(1) 어떤 변수들을 관심 있게 보았으며, 조작하려고 계획했던가?

(2) 어떤 결과를 기대했으며, 왜 그런 기대를 했는가? 여기에서 왜 그런 결과를 기대했는가(가설)에 대한 논리가 명확하게 진술하도록 한다.

2.11 방법

방법에서는 연구가 어떻게 수행되었는지를 상세히 서술한다. 연구 방법이 상세히 서술되어야만 독자는 방법의 적절성과 결과의 신뢰성 및 타당성을 평가할 수 있다. 또한 관심 있는 연구자들이 이 연구를 재검증(replication)할 수 있으므로 필수적인 내용이 구체적으로 기술되어야 한다. 부적절하게 혹은 지나치게 자세한 세부 사항의 진술은 독자를 혼란스럽게 하고 방법의 파악을 방해할 수 있으므로, 연구를 파악하고 재검하는 데에 필요한 정보만을 기술하도록 한다.

만일 자신의 연구가 이전에 발표된 다른 연구의 개정판(update)이고 그

방법이 다른 곳에서 상세하게 출간되었다면, 독자에게 그 출처를 제공하고 방법에 대한 구체적 설명을 생략할 수 있다.

2.11.1 **소절의 구분**: 방법의 내용은 저자의 필요에 따라 소절들(sub sections)로 나누어 서술한다. 특히 참여자(participants), 도구(apparatus) 혹은 재료(materials), 절차(procedure) 등으로 소절을 구분하여 제시하는 것이 바람직하다. 실험의 설계가 복잡하거나 자극에 대한 상세한 서술이 필요하다면, 추가적인 소절 및 소절을 구분하는 소표제(subheadings)도 독자가 특정 정보를 찾는 데에 도움이 될 것이다. 저자는 방법을 가장 잘 서술할 수 있도록, 소절의 수, 순서와 유형을 독자적으로 판단하여야 한다.

2.11.2 **참여자(participant or subject)**: 참여자는 실험이나 조사의 연구 대상인 사람을 가리킨다. 연구의 참여자를 적절하게 밝히는 것은 매우 중요하다. 특히 결과를 평가하고, 발견을 일반화하고, 재검증 연구 및 문헌 개관에서 비교를 하며, 이차적인 자료를 분석하는 경우에 참여자에 대한 정보는 매우 중요하다. 연구에 사용된 표집은 적절하게 서술되어야 하며 대표성이 있어야 한다(그렇지 못할 경우, 이유를 밝혀야 한다). 표집이 허용하는 일반화의 범위를 뛰어넘는 결론과 해석은 내릴 수 없다.

참여자를 선별하고, 조건들에 할당한 절차를 보고하고, 참여자의 동의 획득 여부 및 대가의 지불 등을 밝힌다. 중요한 인구통계학적(demographic) 특성들, 예컨대, 성별, 연령 등을 보고한다. 특정한 인구학적 특성이 실험 변수이거나 결과의 해석에 중요하다면, 집단을 구체적으로 밝혀야 한다. 예컨대, 교육 수준, 건강 상태, 거주 지역, 언어, 인종, 문화적 배경, 국적 등을 밝힌다. 자료가 얼마나 일반화될 수 있는지를 결정하는 데에는, 하위 집단을 표시하는 것도 유용할 것이다. 참여자의 탈락이 있을 경우에는 그 사유를 밝힌다. 참여자의 안전과 사생활을 보호할 필요가 있는 경우, 참여자의 신원을 익명으로 표시한다. 참여자의 인구학적 특성들이 자료 분석에 사용되지 않았을 경우에도, 참여자 특성에 관한 보고(reports)는 독자들에게 보다 완전한 표본(samples)에 대한 이해와 결과에 대한 일반화가능성을 제공하고, 메타 분석(meta-analytic) 연구에서 논문의 결과를 통합하는 데 유용한 지표로 가치가 있으므로 참여자의 인구학적 특성들을 표시한다.

연구 대상이 동물인 경우에는 피험체(subject)라고 명명한다. 피험체의 경우에는 속과 종, 혈통 번호 및 공급자의 소재, 군체의 표지(stock designation) 등과 같은 구체적 사항들을 밝힌다. 수와 성, 나이, 무게, 생리학적 조건 등은 물론, 추가적으로 해당 연구가 성공적인 재검증이 될 수 있도록, 처치 및 취급 방법의 필수적인 세부 사항들을 명시한다. 피험체의 총수와 각 조건에 할당된 수를 밝히고, 실험을 끝내지 못한 개체가 있으면 그 수와 이유를 밝힌다.

2.11.3 표집절차(sampling procedures): 만약 계획적인 표집 계획이 사용되었다면 표집방법, 실제로 참가한 표본의 비율, 그리고 자발적으로 연구에 참가한 사람의 수를 포함하여 참여자 선별에 대한 절차를 기술한다. 그리고 자료를 수집한 환경과 장소에 대해서도 기술한다.

2.11.4 표본의 크기(sample size), 검증력(power), 그리고 정확성(precision): 참여자에 대한 기술과 함께, 계획했던 표본크기와 만약 개별적인 조건이 사용되었다면, 각 조건에 할당될 참여자의 수에 대해 기술한다. 또한 표본이 목표로 했던 모집단(target population)과 다른지에 대해서도 기술한다. 결과 및 해석은 표본이 정당화되는 범위를 넘어서는 안 된다.

추론 통계를 적용했다면, 가설 검증과 관련된 통계적 검증력을 명확히 할 필요가 있다. 이때 고려할 사항들은 검증된 가설이 올바르게 기각될 가능성, 유의 수준(alpha level), 효과 크기, 그리고 표본 크기와 관련된 것들이다. 통상적으로, 그 연구가 실제로 관심을 가지고 있는 효과를 탐지할 수 있는 충분한 검증력을 가지고 있다는 증거를 제시한다. 영가설이 기각되지 않는 것이 바람직한(즉, 차이가 없다는 것을 주장하고 싶을 경우) 사례에 관한 표본 크기의 역할에 대해 논의하는 데 있어서도 유의해야 하며 이와 유사하게, 기초적인 통계적 모형에 대한 다양한 가정들에 대한 검증(예: 정상성, 변량의 동질성, 회귀의 동질성)과 모형의 적합성(model fitting)에 있어서도 표본의 크기를 주의깊게 고려해야 한다.

2.11.5 측정과 공변인(measures and covariates): 방법에서는 측정은 했으나 연구에 포함시키지 않았을지라도, 모든 일차적인, 이차적인 결과 측정과 공변인들에 대한 정의를 제시한다. 그리고 측정의 질을 향상시키기 위해 사용된 방법(예: 평가자 교육 및 신뢰성 또는 다중 관찰[multiple observations]의 사용)들 뿐만 아니라 자료를 수집하기 위해 사용된 방법(예: 서면으로 된 질문지, 면담, 관찰)들에 대해서도 서술한다. 도구를 사용했다면, 심리 측정적, 생물 측정적인 특징과 문화적 타당성에 대한 증거를 포함한 사용된 도구에 대한 정보를 명시한다.

2.11.6 연구 설계(research design): 방법에서는 다음을 고려하여 연구 설계를 상세히 서술한다.

(1) 참여자들은 조작된 조건에 할당되었는가? 혹은 자연스럽게 관찰되었는가?

(2) 만약 여러 조건들(multiple conditions)이 만들어졌다면, 무선할당(random assignment) 또는 다른 선발 방법을 통해 참여자들이 어떻게 각 조건들로 할당되었는가?

(3) 연구가 참여자간(between-subjects) 혹은 참여자내(within-subjects) 설계로 수행되었는가?

(4) 조작(manipulation) 또는 개입(intervention)의 변화를 포함하지 않은 연구(예: 관찰, 자연적 경과 연구[natural history study])를 보고할 경우에는 독자들이 연구의 복잡성을 완전히 이해하고 연구에

대한 재검증(replication)을 할 수 있도록 연구 절차에 대해 최대한 자세히 서술한다.

2.11.7 실험적 조작 및 개입(experimental manipulations or interventions): 만약 개입 또는 실험적 조작이 연구에서 사용되었다면, 이에 대한 자세한 내용을 서술한다. 실험적 조작 및 개입 부분에서 통제조건이 있었다면 통제조건을 포함하여, 각 연구 조건들에 대해 계획했던 개입 또는 조작에 대한 상세한 설명과 어떻게 그리고 언제 개입(또는 실험적 조작)이 실제로 수행되었는지 서술한다.

만약 참여자에게 지시문이 주어졌다면 참여자들에게 주어졌던 지시문에 대한 간략한 요약을 제시하고 지시문이 일반적인 것이 아니거나 실험적 조작으로 이루어져 있다면, 논문의 부록 혹은 온라인(혹은 웹기반) 보충 자료실에 원본을 제시한다. 원문이 짧고, 논문의 가독성(readability)을 방해하지 않는다면, 본문에 포함하여 제시할 수도 있다.

조작의 방법과 자료 획득에 대해 서술한다. 만약 자극들을 제시하고 자료를 수집하는데 기계 장비가 사용되었다면, 장비의 모델 번호, 제조업자(뇌영상 연구에서는 중요하다), 기본적인 설정 또는 모수(예: 펄스 설정[pulse setting]), 그리고 해상도(예: 자극 제시와 기록의 정확성에 관한)에 관해 명확히 서술한다. 개인 또는 실험적 조작과 마찬가지로, 이러한 자료들은 본문, 부록에 적절하게 제시되어야 한다.

임상적, 교육적 개입의 경우에는 개입한 사람(예: 상담사, 임상심리사 등)의 전문적인 교육훈련의 수준과 구체적인 개입에서의 훈련수준을 포함하여 이와 관련된 절차에 대해 명확히 서술한다. 평균, 표준편차와 함께 개입자(deliverer)의 수와 개입자로부터 처치 받은 개인의 범위 또는 단위에 대해서도 제시한다. 일반적으로 (1) 개입 또는 조작이 이루어진 곳의 환경, (2) 개입 또는 조작의 노출 정도 및 기간(즉, 얼마나 많은 회기, 삽화[episodes]), 또는 사건들이 전달할 계획이었는지, 그리고 얼마나 오랫동안 지속할 계획이었는지), (3) 각각의 단위에 대한 개입 또는 조작을 전달하는데 소요된 시간(예: 조작의 전달이 한 회기에 완전히 이루어졌는지, 또는 만약 여러 회기가 시행되는 동안 참여자들이 돌아갔다면, 첫 회기와 마지막 회기 간에 얼마나 많은 시간이 지났는지), (4) 참여자들의 응낙(compliance)을 향상시키기 위해 사용된 활동 또는 보상에 대한 정보 등을 제시한다.

　한국어 이외의 언어가 자료 수집에 쓰였다면, 해당 언어를 명시해야 한다. 외국의 도구를 번역하여 사용하였다면, 번역의 방법을 명시해야 한다. 번역의 정확성을 기하기 위해서는 역번역(back translation; Brislin, 1980)이 권장된다. 번역용어의 선정을 위해서는 한국심리학회 용어사전(한국심리학회 홈페이지에서 제공되고 있음)을 참고하여 연구자가 적절히 결정하고, 이러한 용어가 기존의 것들과 차이가 클 경우에는 이를 각주에서 밝히도록 한다.

　자료를 획득하는 동안 참여자들을 어떻게 집단으로 만들었는지에 대한 서술을 제시한다(즉, 조작 또는 개입이 개별적, 작은 소집단, 또는 교실과 같이 완전한 하나의 집단단위로 이루어졌는지 등). 효과에 대한 평가를 위해 분석된 가장 작은 단위(예: 개인, 작업 집단, 교실)에 대해 서술한다. 만약 통계적 분석에 사용된 단위가 개입 또는 조작을 처치한 단위와 다르다면(즉, 무선화의 단위와 다를 경우), 계산하는 데 사용된 분석방법(예: 표준오차의 추정치의 조정 또는 다수준 분석[multilevel analysis]의 사용)에 대해 서술한다.

2.12 결과

　이 절은 수집된 자료 및 자료에 대한 통계적 처치 방법을 요약한다. 통계 분석 프로그램을 이용하였다면 그 명칭과 판 번호(version)를 밝힌다. 먼저 주요 결과 혹은 발견을 간략히 진술한 다음 자료를 충분히 자세하게 보고하여 자신의 결론을 정당화한다. 가설에 위배되는 결과를 포함하여, 관련된 모든 결과를 언급한다. 결과의 함의는 논의 혹은 종합논의에서 다룬다. 통계 분석 결과를 제시하기 전에 원자료를 요약한 자료 (평균이나 중앙값 등)를 표나 그림으로 제시한다. 평균을 보고할 때에는 항상 표준편차, 표준 오차, 변량 혹은 평균오차항제곱(MSE)과 같은 변산성 척도를 제시한다. 단일 사례 연구 혹은 예시적 표집(illustrative sample)이 아니라면 개별 점수나 원자료를 포함시키지 않는다.

2.12.1 통계 및 자료 분석(statistics and data analysis): 자료 분석과 이러한 분석결과에 대한 보고는 연구 수행에 있어서 중요하며, 이에 따라 자료에 대한 분석 처리(계량적 또는 질적인)에 대해 정확하고 편향되지 않게 서술해야 한다. 심리학 분야는 자료를 분석하기 위해 다양한 접근법이 사용되고 있으며, 연구에 사용된 분석방법은 기초가 되는 가정들에 위배되지 않으면서 자료에 대한 분명하고 명확한 통찰을 제공할 수 있어야 한다.

역사적으로, 심리학 연구자들은 자료 분석에 대한 출발점으로써 영가설에 대한 통계적 유의성 검증(null hypothesis statistical significance testing, NHST)에 의존하고 있으며, 한국심리학회에 발간된 논문들도 이와 동일한 방법을 사용한다.

일반적으로 설계된 연구에 따라 각 조건(cell)의 표본 크기, 평균, 표준편차 또는 통합된 조건 내 변량(pooled within-cell variance)을 제시한다. 변량에 대한 다변량 분석(multivariate analyses of variance), 회귀 분석(regression analyses), 구조 방정식 모델 분석(structural equation modeling analyses), 그리고 위계적 선형 모형(hierarchical linear modeling)과 같은 다변수 분석 체계(multivariable analytic systems)의 경우에는 관련된 평균, 표본 크기, 그리고 변량-공변량(혹은 상관) 행렬 등의 충분한 통계치를 제시한다. 다음 소절에 제시된 고려사항에 유의하여 통계치를 제시한다.

2.12.2 **통계치**: 추리 통계치(t 검증, F 검증, 카이 제곱) 등을 제시할 때에는, 통계치의 관찰된 값, 자유도, 확률 수준(정확한 p 값), 효과의 크기와 방향을 제시한다. 독자가 통계학에 대한 기초적 식견을 가지고 있다고 가정한다. 따라서 영가설 검증과 같은 가설검증의 기본 논리를 개관할 필요가 없다. 필요하다면 일반적으로 쓰이는 통계 분석방법 대신에 다른 통계적 분석법을 사용할 수 있다. 이 경우에는 정당한 논리를 제시하여야 한다.

추리 통계치를 보고할 때에는 저자가 수행한 분석을 독자가 해볼 수 있도록 충분한 정보를 제시해야 한다. 아래의 경우들을 참고하여 제시한다.

(1) 모수 검증(단일 집단, 다중 집단, 혹은 평균의 다중요인 검증): 각 조건(cell)의 평균, 표집 크기, 변산성 척도(표준 편차, 변량) 등이 필요하다. 혹은 조건의 평균 및 검증과 관련되는 평균제곱오차와 자유도가 필요하다.

(2) 무선 구획 설계, 반복 측정 설계, 다변인(multivariate) 변량분석: 각 조건의 평균과 표집 크기 및 통합된 조건내 변량-공변량 행렬(pooled within cell variance-covariance matrix)이 충분한 통계치의 요건이다.

(3) 상관 분석(다중 회귀분석, 요인분석, 구조방정식 모형 등): 표집 크기, 변량-공변량(혹은 상관) 행렬이 필요하며, 이와 더불어 사용된 절차에 대한 구체적 정보(예: 변수의 평균, 신뢰도, 가설화된 구조모형 및 다른 모수들)가 필요하다.

(4) 비모수 분석(유관성 표에 대한 카이 제곱 분석, 서열 통계치 등): 원자료(예: 각 범주에 속하는 사례수, 순위의 합, 각 단위에서 표집의 크기)에 대한 다양한 요약 정보가 충분한 통계치가 된다.

(5) 매우 작은 표집(단일 사례 연구 포함)에 근거한 분석에서는 표나 그림에 전체 자료를 제시하는 것도 가능하다.

2.12.3 **통계적 검증력**: 가설 검증시에는 통계적 검증력(statistical power)을 심각하게 고려한다. 검증력은 특정한 유의도 수준에서 영가설을 올바르게 기각할 가능성을 말한다. 자신의 연구가 실질적으로 흥미 있는 효과를 탐지할 수 있는 충분한 검증력을 가지고 있다는 증거를 보여야 한다.

마찬가지로 영가설을 기각하지 않거나(즉, 비교 조건들간에 차이가 없다고 주장하거나), 채택한 통계적 모형에 기저하는 여러 가정들(정상성, 변량의 동질성, 회귀의 동질성 등)을 검증하거나, 모형의 적합성을 검증하는 경우에는, 표집 크기에 따라 결론이 달라질 수 있음을 알고 있어야 한다.

2.12.4 **통계적 유의성**: 추리 통계 검증의 유의성과 연관되는 확률은 다음사항에 유의하여 보고한다.

(1) 어떤 영가설을 잘못 기각하는 수준으로 선택한 사전 확률인 유의 수준(alpha level)을 보고하는 것이다. 흔히 쓰이는 알파 수준은 .05와 .01이다. 특정한 결과를 보고하기 전에, 해당 연구에서 통상적으로 자신이 선택한 알파 수준을 보고해야 한다 (예: '모든 통계 검증에는 .05의 알파 수준이 채택되었다'). 아니면 각 통계치의 보고에 개별적으로 알파 수준을 보고한다.

(2) 자신의 연구에서 채택한 유의 수준을 미리 언급한 다음, 각 검증마다 영가설이 옳다는 가정에서 자신이 관찰한 통계 값이나 더 극단적인 값을 얻을 사후 확률을 보고하는 것이다. 예컨대, 미리 설정한 유의 수준 (예: .05)에 비추어 영가설이 기각되었는지 기각되지 못했는지를 명시한 다음, 이 사후확률의 정확한 값을 보고한다(예: 연령의 효과는 통계적으로 유의하지 않았다, $F(1,123)=2.45$, $p=.12$).

(3) 확률 수준을 보고할 때에는 그 아래 자리에서 반올림한 값을 소수점 이하 두 자리까지 보고하는 것을 기본으로 한다. 그러나 확률이 .01 미만인 경우에는 소수점 이하 세 자리까지 보고하며(예: .004), 반올림한 값이 .001 미만(예: .00049999)인 경우에는 .000으로 표시한다. 정확한 확률을 보고할 수 없을 때에는, 정확한 값에 가장 가까

운 것으로 흔히 사용되는 확률값(.10, .05, .025, .01, .005, .001 등)과 부등호를 사용하여 보고할 수 있다(예: .05의 유의 수준에서 연령의 효과는 통계적으로 유의하였다, $F(1,123)=7.27$, $p<.05$).

2.12.5 효과의 크기: 관찰된 통계치의 유의도 수준이나 사후확률이 효과의 크기 혹은 중요성을 반영하는 것은 아니다. 왜냐하면, 이 둘은 표집의 크기에 좌우되기 때문이다. 따라서 효과의 크기를 제시하는 것이 바람직하다. 표집의 크기에 의존하지 않는 효과의 크기를 추정하기 위해 흔히 쓰는 척도들로서 다음과 같은 것들이 있다: r^2, R^2, η^2, ω^2, φ^2, Cramer's V, Kendall's W, Cohen's d와 κ, Goodman과 Kruskal의 λ 와 Υ, Jacobson과 Truax의 임상적 중요성의 예비 척도, 그리고 다변량 분석에서 Roy의 θ 와 Pillai—Barlett V 등.

효과 크기는 전반적(omnibus) 검증 통계치(t와 F)와 표집 크기(혹은 자유도)로부터 쉽게 계산될 수 있지만, 직접 제시하는 것이 좋다. 예컨대, 어떤 F 검증치를 보인 한 요인에 의해 설명되는 변량 비율(효과의 크기)은 다음 공식으로 얻어진다.

$$\eta^2 = v_1 F / (v_1 F + v_2)\ (v_1,\ v_2는\ 각각\ 분자,\ 분모의\ 자유도이다).$$

2.12.6 표(tables)와 그림(figures): 연구자는 논지를 명확하고 경제적으로 제시하기 위해 표와 그림을 사용할 수 있다. 표는 정확한 값을 제시하고 주요 효과를 효과적으로 보여줄 수 있다. 잘 만들어진 그림은 독자의 관심을 끌고 상호작용 양상 및 변화 양상을 쉽게 보여 주는 반면, 표만큼 정확하지는 않다. 그림은 표보다 제작하고 재생하는 데에 더 많은 비용이 들고, 이 둘은 모두 글자보다 더 많은 비용이 들기 때문에, 가장 중요한 자료의 경우에만 표나 그림을 쓴다.

표와 그림은 본문을 보충하는 것이지, 대신할 수는 없다. 언제나 본문에서 독자에게 무슨 표나 그림을 볼 것인지를 알려 주고, 표나 그림이 잘 이해될 수 있도록 충분한 설명을 해야 한다. 결과나 분석을 표나 그림으로 요약하는 것은 유용할 것이다. 그러나 같은 자료를 여러 개의 표나 그림으로 되풀이 제시하지 말 것이며, 몇 개의 문장으로 쉽게 제시할 수 있는 자료를 표로 만드는 것은 삼갈 것이다.

표나 그림을 사용할 때에는, 본문에서 해당 표나 그림을 언급하여야 한다. 모든 표는 '표 #'로 언급하며, 그래프, 그림, 혹은 도해는 '그림 $'로 언급하며, 번호의 부여는 표와 그림을 별개로 하여 각자 나타나는 순서대로 일련번호를 붙인다.

2.13 논 의

이 부분에서는 연구의 결과를 바탕으로 결과에 대한 평가가 이루어지는 단계이며, 특히 자신의 원 가설에 비추어 결과의 함의를 서술한다. 이에 따라 결과를 검토하고, 이를 해석하여 결과가 나타내는 의미를 추론하며, 제한점을 고려하는 과정이 필요하다. 이를 바탕으로 자신의 결과로부터 도출해낼 수 있는 이론적 귀결과 결론을 제시하고 그 타당성을 강조하여 쓰도록 한다.

연구의 핵심적 결과를 약술한 후에 자신의 원 가설을 지지하는지 아닌지에 대한 명확한 진술로 논의를 시작한다. 자신의 결론을 명확히 하기 위해 자신의 결과와 다른 연구간의 유사점과 차이점을 들어 제시한다. 그러나 이미 진술한 요점을 되풀이하거나 새로운 것처럼 진술하는 것은 삼가도록 한다. 연구의 제한점들에 대해 언급할 수는 있으나, 모든 결점에 너무 천착하지 않는 것이 좋다. 부정적인 결과도 그것들을 설명해 버리려는 적당치 못한 시도를 하기 보다는, 그 자체를 수용하도록 한다. 만일 논의가 간략하고 단순하다면, 이것을 결과 절과 합쳐서 '결과 및 논의'(results and discussion) 혹은 '결과 및 결론'(results and conclusions) 절로 만들 수 있다.

논쟁, 사소한 집착, 불분명한 이론적인 비교 등을 삼간다. 자신의 주장
은 그 자체로 명확하게 될 수 있고, 경험적 자료 혹은 이론과 논리적으로
밀접하게 관련되고, 간결하게 표현될 때 적절하다. 연구의 실제적, 이론적
함의를 밝히거나, 개선점을 제안하거나, 새 연구를 제안하는 것도 적절할
수 있으나, 간결해야 한다. 다음 사항을 고려한다.

(1) 이 연구로부터 어떤 결론과 이론적 함의를 도출할 수 있는가?
(2) 이 연구가 본래 의도한 연구목적에 따라 연구문제에 대한 해답을 얻
   는데 어떤 도움이 되었는가?
(3) 이 연구가 가지는 이론적, 임상적, 그리고 실제적 중요성은 무엇인가?

위 질문들에 대한 대답은 연구 보고의 핵심이며, 독자들은 이에 대한 명
확하고 직접적인 답을 요구할 권리가 있다.

2.14 여러 개의 실험으로 구성된 연구

한 논문이 여러 개의 실험 혹은 조사를 근거로 작성되었다면, 각 실험
혹은 조사의 방법과 결과를 별도로 서술한다. 적절하다면, 각 실험별로 간
략한 논의를 포함시키거나 논의를 결과의 서술과 통합시킨다(예, '결과 및
논의'). 이어지는 각 실험들간의 논리와 상호관련성을 명확히 한다. 마지막
실험 혹은 조사 다음에는 모든 결과들에 대한 포괄적인 논의를 하는 '종합
논의'(general discussion) 절을 둔다. 개념적으로 관련된 실험 혹은 조사
만 하나의 논문으로 보고할 수 있다.

2.15 참고문헌

참고문헌은 연구자가 참조한 문헌이나 자료들로서, 후속 연구자에게 중

요한 정보가 되므로 주의 깊게 작성되어야 한다(제7장 참조). 모든 인용은 참고문헌의 목록에 나타나야 하며, 모든 참고문헌은 본문에 인용되어야 한다. 참고문헌의 목록은 꼭 필요하고, 관련성이 깊은 문헌들로 구성한다. 참고문헌들을 현명하게 선택하고 정확하게 인용해야 한다. 만일 연구자가 해당 참고문헌 전체를 읽지 못하고 초록만을 보았다면, 인용한 문헌이 초록임을 참고문헌에 명시해야 한다.

독자를 특정의 참고문헌으로 유도하고자 본문에 인용할 때 저자, 연도에 이어 '참조'[예: …하였다(홍길동, 2009 참조)]와 같이 표시한다. 가능하다면 항상 경험적 연구나 경험적 연구의 개관을 인용함으로써 자신의 주장을 뒷받침한다. 비경험적인 연구를 인용하고자 할 때에는, 예시와 같이 본문 속에 이 점을 명시한다.

예 김철수(2002, p. 42)는 …와 같이 주장하였다.

2.16 부 록

연구에서 사용한 재료, 분석 결과 등에 대한 서술이 본문의 가독성을 낮추거나, 흐름에 방해가 될 때 부록을 이용하도록 한다(제6장 참조). 부록에 적합한 재료의 예들로, (1) 연구를 위해 특수하게 설계되었고 다른 곳에서 구할 수 없는 새로운 컴퓨터 프로그램, (2) 출간되지 않은 검증 통계 방법 및 그 정당화, (3) 복잡한 수학적 증명, (4) 자극 재료의 목록(예: 언어심리학 연구에서 사용된 단어들), (5) 복합한 장비에 대한 상세한 묘사, (6) 연구자가 제작하여 사용한 척도, (7) 결과의 해석에 도움이 되는 세부적인 통계 분석 결과, (8) 메타 분석을 위한 원자료로 사용했지만, 논문에서 직접 참고하지 않은 논문목록 등이다. 독자가 연구를 이해하고, 평가하고, 재검증하는 데에 이런 정보가 도움이 될 때에만 부록에 포함시킨다.

► 논문 구성 점검표

체크		점검사항
예 ☐	아니오 ☐	논문들의 허용 여부, 게재 절차, 원고 형식에 관한 정보를 해당 학술지 편집위원회에 문의 혹은 학회 홈페이지에서 확인하였는가?
☐	☐	논문이 보고기준(제목, 저자명 및 소속, 초록, 서론, 방법, 결과, 논의, 참고문헌, 영문초록, 부록)에 맞추어 작성되었는가?
☐	☐	제목은 논문의 머리말 표제로 쉽게 압축될 수 있는 5~10단어 정도의 길이로, 불필요한 단어가 쓰이지 않고 주요 논제를 간결하게 담고 있는가?
☐	☐	저자명 및 소속이 제대로 작성되었는가?
☐	☐	초록은 150단어 정도의 길이로 정확성, 가독성, 간결성의 차원에서 작성되었는가?
☐	☐	서론에서 문제의 소개, 연구배경, 연구목적과 논리가 명확하게 진술되었는가?
☐	☐	참여자 선별, 조건에 할당한 절차, 참여자 동의 획득여부, 대가의 지불, 인구통계학적 특성들이 방법에서 제대로 보고되었는가?
☐	☐	가설에 위배되는 결과를 포함하여 관련된 모든 결과가 언급되었는가?
☐	☐	통계 및 자료 분석이 정확하고 편향되지 않게 서술되었는가? (통계치, 통계적 검증력, 통계적 유의성, 효과의 크기, 표와 그림 등)
☐	☐	논쟁, 사소한 집착, 불분명한 이론적 비교 등을 삼가고 자신의 원 가설에 비추어 결과의 함의를 서술하였는가?
☐	☐	인용된 모든 문헌이 명확하게 참고문헌의 목록에 작성되었는가?
☐	☐	독자가 연구를 이해하고 평가하고 재검증하는데 도움이 되는 정보만 부록에 포함시켰는가?

chapter 3

논문의
글쓰기 방식

논문의
글쓰기 방식

좋은 글에 대한 정의가 분야마다 다르나, 학술논문의 경우에는 자신의 경험적, 이론적 연구 성과를 명확하면서도 이해하기 쉽게 전달할 수 있어야 좋은 글이다. 독자의 주의를 끄는 화려하고 시적인 표현과 비유는 문학적인 글쓰기에서는 적절할 수 있지만, 글의 정확한 의미를 독자들에게 전달해야 하는 과학적인 글쓰기에서는 부적절할 수 있다. 좋은 글의 기조를 유지하기 위해 2장에서 서술된 내용들이 도움이 될 것이다. 명확한 표현과 적절한 어법은 좋은 글을 쓰기 위해 신중하게 고려해야 하는 사항이다. 본 장에서는 바로 이러한 내용을 다룬다.

좋은 글은 재능 못지않게 꾸준한 노력의 결과이다. 화려한 표현보다 간결하고 정확한 표현, 통속적인 용어나 어법보다 표준적인 어휘와 문법에 맞는 어법, 사실들과 생각의 효과적인 조합 및 제시 방식에 대해 지속적인 관심과 훈련만이 좋은 글을 만들 수 있다. 올바른 국어 표현에 관한 문헌(예: 미승우, 1993; 이오덕, 2009; 인터넷 국어교육 연구소, 2000)과 한글사전을 자주 참조하는 것은 큰 도움이 될 것이다.

저자의 개성적인 문체가 연구 논문 읽기를 더욱 흥미롭게 만들 수 있다.

그렇지만, 저자가 자신의 논리를 비약적으로 전개한다든지, 애매모호하거나 장황한 표현을 사용한다든지, 편파적인 관점을 암시한다든지 할 때, 전반적인 논문의 질은 떨어지게 되며 독자는 혼란스러워질 것이다. 따라서 연구자는 다음의 사항들을 고려하면서 자신의 개성을 살리는 글쓰기를 하는 것이 좋다.

1절; 문 체

분명한 의사소통을 위하여 다음의 사항들을 고려한다. 그렇지만, 분명한 전달이 가능하다면 연구자의 재량으로 다른 방법도 구사할 수 있다.

3.1 질서 정연한 제시

생각의 단위는, 그것이 한 단어이든, 한 문장이든, 한 문단이든, 순서에 맞게 제시되어야 한다. 본문의 시작부터 끝까지 단어, 개념 및 주제를 흐름에 따라 전개시켜 나가야 독자들이 잘 이해할 수 있다. 문장 내에 단어나 구절들이 부적절한 위치에 배치되거나, 문법을 따르지 않거나, 논리적 관련성이 없다면 독자들은 혼란스럽다.

생각의 자연스런 흐름은 구두점과 접속어를 적절히 사용하여 향상시킬 수 있다. 구두점은 문장의 끝, 쉼, 종속관계 등을 표시해 준다. 구두점을 너무 많이 사용하거나 너무 적게 사용하면 독자를 혼란스럽게 만들 수 있다.

생각의 흐름을 분명히 보여 주기 위해서 접속어를 적절히 활용할 수 있다. 접속어는 단어나 문장을 잇는 데에 쓰이는 단어나 구를 말한다. 문장 간의 접속어는 인과 관계(예: '그러므로', '그 결과로'), 귀결(예: '결론적으로'), 시간 순서(예: '다음으로'), 부연(예: '게다가'), 대조(예: '그러나', '반면에') 등을 나타낸다. 이들은 알맞은 위치에 쓰여야 하는데, 남용되면 독자의 이해를 오히려 방해하므로 제대로 사용되었는지를 검토해야 한다.

3.2 매끄러운 표현

연구 보고서나 논문은 사실을 객관적, 논리적으로 서술하는 것을 목적으로 한다. 따라서 문학적이거나 애매모호한 표현은 연구 보고서나 논문의 취지에 맞지 않다. 그렇다고 해서 너무 무미건조한 글은 독자에게 거리감을 주며, 지적 감동을 주기 어렵다.

글이 전개되는 동안, 중요한 개념이나 구절이 생략되어 있거나, 관련성이 없는 구절이 삽입되어 있거나, 논리적인 연결성이 떨어진다면 독자들은 혼란에 빠지기 쉽다. 또한 한 문장, 한 문단 혹은 인접한 문단들에서 시제가 일관성 없이 쓰인다면 역시 독자들은 혼란스러워진다. 선행 연구의 개관, 연구 방법 및 절차의 기술, 그리고 연구 결과의 제시에는 과거 시제가 적절하다. 연구 결과에 대한 논의와 결론의 제시에는 현재 시제가 적절하다. 결론을 현재 시제로 제시하는 것은 독자가 그 문제의 해결방안 모색에 참여하도록 유도하는 효과를 거둘 수 있다.

저자는 한 개념을 나타내기 위해 여러 개의 명사 또는 전문어를 나열하지 않도록 주의하여야 한다. 명사들이나 전문어들을 복합하여 사용하는 것은 동시에 여러 가지 의미로 해석될 수 있으므로, 적절한 조사를 써서 이들 간의 역할 관계를 명시하는 것이 좋다.

예 도박중독자의 치료의 효과성 지각
  ➜ 치료의 효과성에 대한 도박중독자의 지각
  ➜ 도박중독자 치료에 대한 효과성의 지각

3.3 경제적인 표현

꼭 필요한 표현만을 쓴다. 학술지는 지면이 한정되어 있으므로 각 논문의 분량을 제한한다. 중복적인 표현, 장황한 표현, 어색한 표현 등을 제거하면 원고가 간결해지고 독자들이 글을 더 잘 이해할 수 있게 된다.

3.3.1 장황한 표현은 화려해 보일지 모르나 비경제적이며 이해를 방해한다.

예 효과가 매우 크다고 아니할 수 없다. ➜ 효과가 매우 크다.

예 가외변인을 제거할 수 있는 가능성을 가질 수 있다.
　　➜ 가외변인을 제거할 수 있다.

3.3.2 중복 표현: 강조하기 위해 불필요한 단어를 추가할 필요는 없다.

예 설득효과를 지나치게 과신하는 ➜ 설득효과를 과신하는

예 다른 대안을 찾아보면. ➜ 대안을 찾아보면.

예 미리 예약된 실험스케줄에 따라 ➜ 예약된 실험스케줄에 따라

3.3.3 문장과 문단의 길이: 문장의 길이를 적절히 조절할 필요가 있다.
짧은 문장들로만 연결된 글은 각 문장들의 의미가 연결되지 못하는 것처럼 느껴질 수 있고 지루할 수도 있다. 반면에 문장의 길이가 너무 길면 독자가 저자의 생각을 놓치기 쉽다. 대부분의 독자는 해당 주제에 대해 저자만큼 많은 배경 지식을 가지고 있지 않다는 것을 명심해야 한다.

문단의 경우에도 마찬가지다. 한 두 개의 문장으로 이루어진 짧은 문단은 글의 전개에서 부적절한 경우가 많고, 독자가 저자의 생각을 파악하기 힘들게 할 수 있다. 반면에 너무 긴 문단은 독자의 주의력을 잃게 만들 수 있다. 그러므로 문단의 길이를 본문의 전개에 맞추어 알맞게 조절할 필요가 있다. 가급적 한 문단이 학술지에 인쇄된 지면으로 한 단(column)을 넘

지 않는 것이 좋다. 하나의 문단은 하나의 생각을 담고 있어야 하며, 그 안의 문장들이 응집성, 연속성, 그리고 통합성을 지니고 있어야 한다.

3.4 정확하고 명료한 표현

3.4.1 단어 선택: 저자가 의도하는 정확한 의미로 단어가 사용되어야 한다. 또한 단어의 일상적인 의미가 부정확할 수 있다는 점을 고려해야 한다. 일상적인 글쓰기에서는 '느끼다'는 단어를 '생각하다'와 '믿다'라는 뜻으로 사용할 수 있지만, 과학적이 글쓰기에서 이러한 대체는 적절하지 않다 때때로 전문어가 몇 개의 짧은 단어들보다 더 정확할 수 있으며, 이 전문어들은 과학적 보고에 불가피한 것들이기도 하다. 그러나 전문어는 해당 분야 전반에 걸쳐 널리 쓰이는 것이어야 하며, 일부 전문가들만이 이해하고 있는 용어는 쓰지 않도록 한다.

3.4.2 구어체 표현: 구어체 표현은 의미가 불분명할 수 있으므로 사용하지 않는 것이 좋다. 또한, 양을 나타내는 표현들의 일부(꽤, 상당히 많은 등)는 독자들에 따라 다르게 해석될 수 있으므로 정확한 표현으로 대치할 필요가 있다.

　예 회귀분석에 예측변인으로 들어가면 ➔ 회귀분석에서 예측변인으로 사용되면
　예 꽤 많은 실험참여자들이 ➔ 실험참여자의 70%가

3.4.3 대명사: 대명사는 그것의 지시 대상이 명백하지 않은 경우 독자들의 혼동을 유발한다. 저자는 독자들이 그 용어의 의미를 찾기 위해 이미 읽은 문장이나 문단을 다시 읽지 않도록 글을 써야 한다. 이것, 그것 대신에 이 검사, 그 시행, 그 연구 등으로 지시하는 종류를 명기하는 것이 모호함을 줄이는 방법이다.

3.4.4 비교: 비교를 하는 문장의 경우에는 비교 대상을 분명히 하여야 하며, 비교문장이 여러 가지로 해석될 가능성을 피해야 한다. 예를 들면, "10세 아동들은 8세 아동보다 또래들과 놀기를 더 좋아하였다"라는 문장에서 10세 아동이 8세 아동과 비교되는 것인지 아니면, 8세 아동이 또래와 비교되는지가 분명하지 않다. 그러므로 문장의 구조와 단어의 선택에 세심한 주의를 기울여야 한다.

3.4.5 지칭하기: 부적절한 지칭은 혼란을 가중시킬 수 있다.

(1) 의인화: 동물, 무생물, 사회기관 등을 부적절하게 의인화하면 서술된 행위의 주체가 불분명해지며, 책임의 소재가 모호하게 된다.

　예 실험이 가외변인을 통제하였다. ➜ 연구자가 가외변인을 통제하였다.
　예 관찰자들 중 다섯 명이 감독자가 되도록 지역 공동체 프로그램을 설득하였다.
　　➜ 관찰자들 중 다섯 명이 감독자가 되도록 지역 공동체 프로그램의 운영진을 설득하였다.

(2) 저자들의 지칭: 본문에서 저자들 스스로를 지칭하기 위해서는 '필자들'이라는 표현을 사용하는 것이 좋다(본인이 단독 저자일 경우에는 '필자'로 표현한다). 명확성을 기하기 위해 '우리'라는 표현은 사용하지 않는 것이 좋다. '우리'가 익명의 다수를 가리키는 것으로 혼동될 수 있기 때문이다. 다만, 연구자들, 심리학자 등과 같이 '우리'의 지시 대상이 이미 언급되었을 때에는 그 다음에 '우리'를 쓸 수 있다.

　예 필자들의 견해로는 (○)
　예 …을 연구하는 우리는 … ➜ …을 연구하는 심리학자로서, 우리는 …

3.4.6 동의어 사용: 같은 단어를 반복하지 않으려고 동의어나 유사어를

사용하는 경우에 단어 선택에 주의하여야 한다. 완전히 동일한 의미의 동의어는 거의 없으며, 동의어 간의 의미의 차이 혹은 변화가 서술의 연속성을 깨트리고 독자에게 오해를 불러일으킬 수 있기 때문이다.

예 실험참여자들로부터 측정한 불안수준은 …이었다. 이들의 공포수준은 …
→ 실험참여자들로부터 측정한 불안수준은 …이었다. 이들의 불안수준은 …

3.4.7 영어식 표현: 영문을 직역해 놓은 듯한 느낌을 주는 영어식 표현을 지양한다(박승준, 2002).

예 회의를 가졌다. → 회의를 하였다.
예 더 자세한 설명을 필요로 한다. → 더 자세한 설명이 필요하다.
예 연구자의 요청에 의해 → 연구자의 요청으로

3.5 문체를 향상시키는 방법

여러 번 다시 씀으로써 글쓰기가 향상된다는 것은 분명하지만, 이는 때때로 매우 고통스러운 일이다. 효과적으로 문체를 향상시킬 수 있는 방법은 사람마다 다를 수 있지만, 다음에 소개하는 전략은 누구에게나 도움이 된다.

(1) 개요를 만든다: 개요는 서술의 논리성이 유지되게 하며, 주요 개념과 종속적인 개념을 확인하게 해주고, 엉뚱한 전개나 비약 혹은 생략을 막을 수 있게 해준다.

(2) 초고를 나중에 다시 읽는다: 초고를 며칠 또는 몇 주간 덮어두었다가 나중에 다시 읽어보면, 뜻밖의 실수들을 발견할 수 있으며 문장을 더 읽기 좋게 고칠 수 있다.

(3) 동료에게 초고의 비평을 부탁한다: 이미 논문을 출간한 경험이 있는 동료들은 출간과 관련된 사항들을 지적해 줄 수 있다. 자신의 연구에 익숙

하지 않은 동료들이 오히려 논지 전개나 용어 선택 등의 문제에 큰 도움을
주어 가독성을 높일 수 있다.

2절; 문 법

문법에 맞지 않거나 문장의 구조가 복잡한 문장은 독자들에게 오해를
초래하기 쉽다. 아래에 연구자들이 학술지 투고 시에 자주 범하는 문법과
그 사용상의 오류들을 예시하였다. 이 사항들을 유념하여 논문을 작성 하
도록 한다.

3.6 술 어

(1) 피동형보다는 능동형 동사를 사용한다.

동사의 능동형이 피동형보다 더 박진감을 주고 더 직접적인 의미를 전
달한다. 행위의 대상 자체를 강조하는 표현일 경우에 피동형을 사용하여도
무방하지만, 대부분의 경우에는 사람을 주어로 하는 능동형을 쓰는 것이
좋다.

> 예 이 연구는 홍길동(2011)에 의해 수행되었다.
> → 홍길동(2011)이 이 연구를 수행하였다.

(2) 술어는 서술하는 사건이 발행한 시점에 맞는 시제로 쓰여야 한다.

또한 과거를 나타내는 '었'이 연속적으로 들어가 글이 어색해질 수 있으
므로 이를 피하는 것이 좋다.

예 그것이 인명 피해가 더욱 커졌던 원인이었다.
→ 그것이 인명 피해가 더욱 커진 원인이었다.

(3) 불필요한 보조 용언을 삼가도록 한다.

용언은 동사나 형용사와 같이 문장에서 술어의 기능을 하는 문장성분이며, 보조 용언은 본용언의 뜻을 보충하는 역할을 하는 보조 동사, 보조 형용사를 말한다. '병수가 학교에 간다'에서의 '간다'는 본용언이고, '일이 거의 끝나 간다'에서의 '간다'는 보조용언이다.

예 해 주었다. → 했다.
예 얻어 가지고 → 얻어서 / 얻고서

(4) 과거형, 피동형의 중복을 삼가도록 한다.

예 ~ 됐었다. → ~ 되었다. / ~ 됐다.
예 ~ 되어져서 → ~ 되어서

(5) 부적당한 사역형의 사용을 삼가도록 한다.

예 도파민의 작용을 억제시켜서 → 도파민의 작용을 억제해서

(6) 형용사를 동사처럼 표현하는 것을 삼가도록 한다.

예 상태가 양호해 있어서 → 상태가 양호하여

3.7 주어와 술어의 일치

(1) 문맥에서 주어가 명확한 경우가 아니라면, 가급적 주어는 생략하지 않는다. 또한, 주격 조사('-이', '-가', '-께서', '-에서')가 이중으로 사용되는 경우에는, 주제격 조사 ('-은', '-는')나 다른 적절한 조사를 사용하여

자연스럽게 표현한다.

예 대구가 사과가 많이 난다. ➔ 대구는 사과가 많이 난다.
예 참여자는 이 조건은 12명이었다. ➔ 이 조건의 참여자는 12명이었다.
　　　　　　　　　　　　　➔ 이 조건에서 참여자는 12명이었다.

(2) 문장 내에서 주어와 술어 간에 문법적 일치가 있어야 한다. 특히, 반복되는 주어나 술어를 생략하는 경우에는 주어-술어의 의미상 일치를 점검할 필요가 있다. 의미상 피동자인 주어를 능동형 술어동사로 끝맺는 경우가 없어야 한다.

예 가외 변인은 … 통제하였다. ➔ 가외변인이 … 통제되었다.
　　　　　　　　　　　　　➔ 가외변인을 … 통제하였다.
예 이 문제가 빼놓지 않고 거론되어 왔다. ➔ 이 문제가 빠지지 않고 거론되어 왔다.

(3) 여러 단문들로 이루어진 복합문의 경우, 각 단문의 주어들을 일치시키거나 적어도 주어가 혼동되지 않도록 주의한다.

예 이런 방법을 적용하였고, 참여자는 각 조건에 할당되었다.
　➔ 이런 방법이 적용되었고, …
　➔ …, 참여자를 각 조건에 할당하였다.

(4) 구절이 사용된 경우에도 의미상 주어를 일치시킨다.

예 이 가설을 검증하기 위해, 세 개의 실험이 수행되었다.
　➔ 이 가설을 검증하기 위해, 세 개의 실험을 수행하였다.

3.8 대명사, 명사구

앞에서 복수(단수)로 언급한 (대)명사는, 일관성 있게 복수(단수)로 언급한다. 독자들은 대명사의 사용에 익숙하지 않으므로, 그 사용에 주의를 기하도록 한다. 여러 단어로 만들어진 긴 명사구를 줄여서 표현할 때에는, 맨 처음 위치에서 전체 명사구를 제시한 다음 이를 다른 명사구로 줄인다는 것을 명시한다(예 1). 그러나 생략된 명사구가 다른 의미로 해석되거나 오해를 낳을 수 있다면 생략하지 않는다(예 2, 3).

예1 수행한 결과를 피드백하여 알려 주는 조건(이하, 피드백 조건)을 …
예2 월경전 증후군의 변인 ➔ 월경전 증후군에 영향을 미치는 변인
예3 허가 없이 출입을 금하였다. ➔ 허가받지 않은 출입을 금하였다.

3.9 수식어의 위치

(1) 부사 혹은 형용사는 수식하는 단어 바로 앞에 놓는 것이 좋다. 수식 관계가 애매할 경우, 어순을 조정하거나 구두점을 사용하여 애매성을 줄인다.

예 바람직한 부모와의 대화 ➔ 부모와의 바람직한 대화
예 연구자는 이 절차를 사용하여 좋은 성과를 보인 참여자를 선발하였다.
　➔ 연구자는 이 절차를 사용하여, 좋은 성과를 보인 참여자를 선발하였다.
　➔ 연구자는, 이 절차를 사용하여 좋은 성과를 보인 참여자를 선발하였다.

(2) 필요 없는 부사를 남발하지 않는다.

예 매우 상당한 ➔ 상당한

(3) 범위가 불확실하거나 너무 길어 문맥을 파악하기 힘들게 하는 관형절의 사용을 조심한다.

예 홍길동(2001)은 '실험 집단의 수행을 평가하는 과정에서' 기저선을 측정한 다음 변화된 수준을 추적 관찰한 이도령(2000)의 방법이 우수하다는 것을 보였다.
　['　' 안의 내용이 홍길동의 것인지 이도령의 것인지 애매함]

3.10 접속어의 사용

접속어는 앞뒤의 말을 잇기 위해서 사용하는 단어나 구(예: '그리고', '따라서', '그러므로', '왜냐하면' 등)를 말한다. 문장 내에서 접속어를 불필요하게 반복하거나 혼란스럽게 사용해서는 안 된다. 문장의 사이에는 논지를 전개하거나 문맥을 연결하기 위해 접속어를 사용할 수 있으나 자주 사용하는 것은 피한다. 수긍할 수 있도록 논지를 자연스럽게 전개하는 것이 바람직하며, 접속어를 무리하게 혹은 빈번하게 사용하는 것은 독자에게 강요받는 느낌을 갖게 만든다. 특히 대조나 조건화 등의 접속어를 사용할 때에는, 접속어가 한정하는 범위를 명확히 하여 논리적 관계가 혼동되지 않도록 한다.

예 빨강, 및 노랑, 및 파랑, 그리고 초록 ➡ 빨강, 노랑, 파랑 및 초록
예 빨강 혹은 파랑 그리고 노랑 ➡ 빨강이나 파랑, 그리고 노랑

3절; 언어적 측면

3.11 본문의 언어

본문은 한글로 작성하는 것을 원칙으로 한다. 다만, 영문으로 표시되는 연구자 인명은 예외로 하여, 본문 속에 영문 성을 영어로 직접 표시한다. 용어의 한자 표기 혹은 원어 표기를 밝힐 경우에는, 한글 표기 다음 괄호 속에 한자어 혹은 원어를 표기한다. 이때 괄호 속에 삽입되는 둘 이상의 표기는 쉼표로 구분한다.

본문에서 사용하는 어휘는 한국어의 표준말을 기본으로 하나, 전문 용어

나 연구에 사용되는 방언 등도 필요한 경우에는 사용할 수 있다.

3.12 맞춤법과 띄어쓰기

본문에서 사용하는 단어의 맞춤법과 띄어쓰기는 본 규정집이 정한 내용을 따르고, 정하지 않은 경우에는 한글맞춤법(문교부, 1988)을 따른다. 문장 편집기의 맞춤법은 아직 부정확한 경우가 많으므로, 정확한 맞춤법은 사전을 통하거나 전문가의 도움을 받아 확인한다(예: 미승우, 1993; 이오덕, 2009; 인터넷 국어교육 연구소, 2000).

예 넉넉치 못한 ➜ 넉넉지 못한
예 넓게 분포되어 있다. ➜ 널리 분포되어 있다.
예 오랜동안 ➜ 오랫동안

띄어쓰기의 기본적인 원칙은 한 단어로 취급될 수 있는 것은 붙여 쓰고, 그렇지 않은 것은 띄어 쓰는 것이다. 전문 용어는 단어별로 띄어 씀을 원칙으로 하지만, 붙여 쓸 수도 있다.

예 학생 열명이 ➜ 학생 열 명이
예 만성 골수성 백혈병(○), 만성골수성백혈병(○)

방언은 따옴표로 묶어 표시하고 그 다음 괄호 안에 표준말을 표시한다. 그러나 문맥에서 분명한 경우, 표준말 표시를 생략할 수 있다. 단어의 발음은 따옴표나 발음 기호 ('/ /')를 사용하여 표시하며, 필요하면 올바른 발음을 괄호 속에 표시한다.

예 '터래기' (터럭)보다 몸통이 문제다.
예 부추는 영남에서는 '정구지'로 호남에서는 '솔'이라고 불린다.
예 '굳이'를 /구지/라고 발음하는 것은 구개음화 때문이다.

3.13 단어(구)의 선택

독자들이 글의 내용보다 단어 자체, 발음, 운(韻), 그리고 그 밖의 독특한 의미에 주목하게 만드는 것은 좋지 않다. 필요한 경우가 아니라면, 상투어나 비속어를 쓰지 않는다. 문맥과 관련 없는 것을 연상하게 하는 비유를 사용하지 않도록 한다.

3.14 명칭의 선택

성, 연령, 장애 여부, 인종, 문화 집단, 국가 등에 대한 편견을 야기하거나 차별을 정당화하거나 그런 함축을 지닌 표현을 쓰지 말아야 한다.

(1) 적절하게 구체적인 수준으로 서술한다.

예 흑인 ➔ ○○○인종

(2) 세심하게 명칭을 붙인다.

예 불안 집단 ➔ 고 불안점수 집단

(3) 참여자의(인간적, 능동적) 역할을 인정한다.

예 설문이 학생들에게 주어졌다. ➔ 학생들이 설문에 응답하였다.

▶논문 글쓰기 방식 점검표

체크		점검사항
예	아니오	
□	□	글이 논리적으로 잘 연결되는가?
□	□	독자들이 이해하기 쉽게 글을 썼다고 생각하는가?

□ □ 문장과 문단의 길이는 적절한가?

□ □ 필자가 의도하는 정확한 의미의 용어를 선택하고 사용하였는가?

□ □ 정확하고 명료한 표현을 사용하였는가?

□ □ 문법에 맞는 표현을 사용하였는가?

□ □ 맞춤법과 띄어쓰기에 맞도록 글을 썼는가?

□ □ 논문전체에 걸쳐 시제가 적절히 사용되었는가?

□ □ 글이 편견이나 차별을 유발하는지 확인하였는가?

□ □ 동료에게 초고의 비평을 부탁하였는가?

chapter4

논문의 편집 양식

논문의 편집 양식

Publication Manual of
the Korean Psychological Association

　학술　논문은 정확하고 명료한 내용 전달을 돕기 위해 일관되고 통일된 구조와 기술방식(문장부호, 인용, 약어, 숫자, 표, 그림, 참고문헌의 표기법 등)에 따라 작성하는 것이 필요하다. 학술 논문의 편집양식은 학문 분야 및 학술지에 따라 다소 차이가 있고, 연구자는 논문을 투고하고자 하는 학술지의 지침을 정확하게 준수하여 논문을 작성하는 것이 필요하다. 본 장은 한국심리학회에서 발간하는 학술지의 한글 논문을 작성할 때 준수해야 하는 편집양식을 소개하며, 영문 논문의 작성은 미국심리학회의 출판규정집(*Publication Manual of the American Psychological Association*) 6판(2009)의 지침을 따르도록 한다.

1절; 논문 편집 양식의 기본 사항

한국심리학회 학술지에 제출할 논문은 흔글(한글과 컴퓨터) 프로그램을 사용하여 작성하는 것을 원칙으로 한다.

4.1 편집 용지, 여백 및 분량

원고의 편집용지는 백색의 A4규격(210 x 297 mm)의 세로 용지를 사용하는 것을 원칙으로 하며, 표, 그림 또는 부록의 경우는 필요할 경우 가로 용지를 사용할 수 있다. 용지 여백은 위, 아래, 왼쪽, 아래쪽의 빈 공간으로, 다음의 지침을 따른다. 용지 방향은 '좁게' 옵션을 설정하여 작성한다.

위쪽: 35mm, 아래쪽: 35mm
왼쪽: 30mm, 오른쪽: 30mm
머리말: 12mm, 꼬리말: 13mm

논문 원고의 분량은 기본적으로 연구의 핵심 내용을 효과적으로 전달할 수 있는 범위에서 결정되어야 하나, 학술지의 지면 문제로 인해 원고의 분량은 짧은 것이 선호되는 편이다. 한국심리학회의 학술지는 대략 15-20면 이내로(한 면당 한글 약 1,800자, 영문 약 3,700자(500단어 정도) 포함 기준) 작성할 것을 권장한다.

4.2 글자체 (typeface)

글자체(형태, 크기, 두께)는 원고의 각 요소(논문 제목, 저자명, 주요어, 본문 등)에 따라 지침이 다르기 때문에, 요소별 세부 지침을 준수한다(예시

1 참조). 각 요소의 본문의 글자체는 신명조체 10호 크기의 보통모양으로 하며, 장평 95, 자간 -10, 줄 간격은 160으로 정한다. 그러나 다음의 경우에는 중고딕체(영문은 이탤릭체)를 사용한다.

방법, 결과, 및 논의에서의 소제목 (예: '참여자', '측정도구', '절차')

방법에서 측정도구를 소개할 때 척도명

새롭거나 중요한 용어를 처음 소개할 때(첫 사용 이후로는 신명조체로 표기)

표나 그림의 제목

주요어

국문 저서, 정기간행물, 마이크로필름 출판물의 제목

국문 정기간행 학술지의 권(volume)

예시 1. 요소 별 글자체에 대한 지침

논문 제목:

신명조 20호, 진하게, 가운데 정렬

저자: 신명조 11호, 진하게, 가운데 정렬

소속: 신명조 10호, 진하게, 가운데 정렬

국문초록: 신명조 9호, 보통모양, 양쪽 정렬, 첫 칸을 띄지 않고 시작, 문단모양 (왼쪽 3, 오른쪽 3)

주요어: 중고딕 9호, 보통모양, 양쪽 정렬

본문: 신명조 10호, 보통모양, 양쪽 정렬

'방법', '결과', '논의', '참고문헌', '부록' 글씨: 신명조, 11호, 진하게, 가운데 정렬

참고문헌: 신명조 10호, 보통모양, 양쪽 정렬

영문초록: 제목, 저자, 소속, 초록의 내용은 국문 지침과 동일함.

부록제목: **중고딕 10호, 보통모양, 가운데 정렬**
부록내용: 신명조 9호, 보통모양, 가운데 정렬
표, 그림제목: **중고딕 9호, 보통모양, 양쪽 정렬**
각주, 저자 주, 표 및 그림의 주: 신명조 9호, 보통모양, 양쪽정렬

4.3 문단, 들여쓰기 및 줄 간격

문단: 본문의 문단 배열은 심사를 위한 투고일 경우와 게재확정 후 출판일 경우에 따라 다르다. 심사용 논문 투고일 경우 모든 부분은 1단으로 편집하고, 출판일 경우는 초록을 제외하고는 2단으로 편집한다. 한 문단은 기본적으로 두 문장 이상으로 구성되어야 하며, 길이는 한 단(column)이하로 제한할 것을 권한다.

줄 간격(line spacing): 줄 간격은 160으로 하며, 자간은 −10으로 한다.

들여쓰기(indentation): 새로운 주제가 도입되는 경우 문단을 새로 시작하고, 새 문단의 시작은 한 글자(두 칸) 들여쓰기를 한다. 그러나 (1) 초록, (2) 문단의 인용(블록 인용), (3) 제목 및 소제목, 그리고 (4) 표와 그림의 제목 및 각주에서는 들여쓰기를 하지 않는다.

4.4 항목 나열(Seriation)

논문을 작성하다보면 구문 형식이나 개념 측면에서 유사한 항목들을 나열하게 되는 경우가 있다. 언급돼야 하는 요소들이 많아질 경우 문장이 길어지고 복잡하게 되면서 문장의 가독성을 저하시킬 수 있다. 또는 논문의 절(sections), 문단 (paragraphs), 그리고 문장의 핵심 요지를 조직적으로

전달하는 것이 필요한 경우가 있다. 이런 경우, 번호 (1, 2, 3, …), 문자 (가, 나, 다, …) 및 글머리표(bullets) 등을 적절히 사용하여 이들을 명료하게 나열할 수 있다.

항목별 결론, 혹은 연구 절차의 단계처럼 연속으로 이어지는 개별 단락이나 개별 문장을 나열하는 경우는 괄호를 사용하지 않은 아라비아 숫자를 쓰고 마침표를 찍은 후 내용을 나열한다(예: 1. … 2.). 동일 단락이나 문장 내에서 나열해야 하는 경우에는 소괄호 안에 숫자나 문자를 쓰고 각 요소 사이에 쉼표를 찍어준다(예1). 문장 요소 안에 이미 쉼표가 있는 경우에는 각 요소를 구분하기 위하여 쌍반점(;)을 사용한다(예2). 단 숫자로 목록을 나열하는 경우 의도하지 않게 항목간의 시간적 순서 혹은 중요도 혹은 위계적인 순서로 배열되었다는 인상을 줄 수 있으므로, 이를 피하기 위해 글머리표를 사용할 수 있다.

> 예1 공포증은 크게 (1) 특정한 대상이나 상황에 대한 두려움을 지니는 특정공포증, (2) 타인의 평가를 받을 수 있는 사회적 상황에 대한 두려움을 지니는 사회공포증, (3) 도피하기가 어렵거나 예기치 못한 공황 발작시 타인의 도움을 받을 수 없는 장소나 상황에 대한 두려움을 지니는 광장공포증으로 나누어진다.
>
> 예2 성격장애의 하위유형은 크게 (1) 군집 A 성격장애–분열형 성격장애, 분열성 성격장애, 편집성 성격장애; (2) 군집 B 성격장애–반사회성 성격장애, 경계선 성격장애, 연극성 성격장애, 자기애성 성격장애; (3) 군집C 성격장애–의존성 성격장애, 강박성 성격장애, 회피성 성격장애로 나누어진다.

4.5 쪽 번호

원고는 첫 장부터 시작하여 끝까지 순차적으로 쪽 번호를 부여한다. 쪽 번호는 용지 하단 중앙에 아라비아 숫자로 표기하며, 쪽 번호의 앞과 뒤에 붙임표(Hyphen, −)를 사용한다.

4.6 난외(欄外) 표기 사항

난외 표기 사항은 학술지의 출판에만 적용되며, 논문의 집필자에게는 해당되지 않는다.

4.6.1 **연구논문의 첫 면**: 논문 제목이 나오는 첫 면의 좌측 상단에는 학술지명(국문, 영문), 출판 연도, 권(Vol.), 호(No.), 면수를 표기한다. 우측 상단에는 보통 저작권을 보유하고 있는 학회 명과 해당 연도를 표기하는 데 한국심리학회 학술지에는 이 부분은 생략한다. 이 요소들은 신명조체 8호 보통 모양으로 작성하나, 영문 학술지명은 이탤릭체로 표기한다(예시2).

예시 2.

한국심리학회지: 일반
Korean Journal of Psychology: General
2011, Vol. 30, No. 1, 135-163

문제 도박의 조기탐지 및 대처를 위한 가족용 척도의 개발

김 종 남   이 홍 표   이 순 묵
서울여자대학교   대구사이버대학교   성균관대학교

4.6.2 **본문의 면**: 본문의 왼쪽 면의 좌측 상단에는 학술지명(예 1), 오른쪽 면 우측 상단에는 저자명 및 논문의 축약 제목(running title)을 빗금

부호(slash, /)로 구분하며 병기한다(예 2). 이 요소들은 중고딕체 8호로 표기한다. 저자명은 세 명까지는 가운뎃점(·)으로 구분하여 적어주고 (예: 유성진 · 권석만), 네 명 이상인 경우에는 첫 번째 저자의 이름만 표기하고, 다른 공저자의 이름은 '등 (et al.)'으로 표기한다(예: 이민규 등). 축약 제목은 논문 제목을 간략하게 줄인 것으로, 보통 다섯 단어 내외의 핵심어로 구성한다. 영문 논문일 경우 일반적으로 50자(글자 수, 문장부호, 단어 사이 공간까지 포함) 내에서 작성하도록 한다.

> 예1 왼쪽 면(왼쪽 정렬)
> 한국신리학회지: 일반
> 예2 오른쪽 면(오른쪽 정렬)
> 김종남 · 이흥표 · 이순묵 / 문제 도박의 조기탐지 및 대처를 위한 가족용 척도의 개발

2절; 논문의 요소별 편집

4.7 논문의 제목 및 연구 지원 사항

논문의 제목은 진한(볼드체, bold type) 신명조체 20호로 지면의 가운데에 배치한다. 부제(副題)가 있을 경우에는 제목 옆에 쌍점(Colon, :)으로 구분하여 표기하고, 쌍점 뒤에는 한 칸 띄어쓰기를 한다(예: 범주유창성 과제로 평가한 한국 노인들의 의미지식 구조: 문식성과 교육 효과).

논문과 관련된 연구 지원 사항을 사사(acknowledgment) 표기하거나, 그 외에 명시해야 할 사항이 있을 경우(예: 참여 연구자의 이해의 상충, 해당 논문이 학위 논문, 학회 발표 혹은 포스터 등에서 나온 경우 등) 논문

제목 뒤에 위 첨자로 별표(*)를 표시하고, 세부 사항을 동일 지면의 하단에 각주 형태로 기술한다. 각주로 표기해야 하는 사항이 여러 개인 경우는 별표의 개수를 추가하여 표시할 수 있다. 이러한 요소들은 보통 모양의 신명조체 9호로 작성한다.

4.8 저자명과 소속

저자명은 논문 제목에서 두 줄 아래에 가운데에 진한 신명조체 11호로 한 글자씩의 간격을 두어 기술한다. 저자가 여러 명일 경우 각 저자명간의 간격을 최소한 세 글자 이상으로 하나, 저자 수에 따라 간격은 조정 가능하다. 난외 표기사항의 경우와는 다르게 여기서는 가운뎃점을 사용하지 않는다. 저자가 복수인 경우, 저자명의 배열순서는 연구 논문에의 기여도와 역할의 중요도 순으로 제시하는 것이 일반적이다. 저자의 소속은 저자명의 아래에 한 줄을 띄우고, 진한 신명조체 10호로 표기하며, 기관명을 제시한다(예: 한국대학교).

논문 투고 및 심사 과정, 논문이 출판된 후 논문에 관련된 각종 사안들에 대한 연락의 책임을 맡는 교신저자(Corresponding author)의 이름 뒤에는 위 첨자로 '†' 표시를 하며, 동일 지면의 하단에 각주의 형태로 교신저자와 관련된 사항을 제공한다: 소속(기관명, 부서명), 우편 주소(우편번호 포함), 전화 및 팩스 번호(지역번호 포함), 전자우편 주소의 순서로 표기한다.

저자의 소속 변경 등 기타 저자에 관한 사항을 제시해야 할 때도, 저자명 뒤에 위 첨자로 '‡' 표시를 하고, 저자 주(author note)로 첫 쪽 하단에 제시한다.

4.9 국문 초록과 주요어

초록은 저자 소속에서 두 줄 간격을 두고 보통 모양의 신명조체 9호로 좌우 세 글자씩 들여 쓰기를 사용해 일단으로 편집하여 제시한다(심사용 논문과 출판용 논문 모두 동일함). 초록에서는 논문의 핵심적이고 중요한 내용을 150 단어(600자) 내외에서 축약하여 소개한다. 본문과 달리 초록의 첫 줄은 들여쓰기를 하지 않고, 문단 구분 없이 한 문단으로 기술한다.

주요어(keywords)는 논문의 주제를 가장 잘 대표하는 핵심 용어를 다섯 개 내외로 선택하여 제시한다. 주요어는 **보통 모양의 중고딕 9호**로 표기하고, 한 줄 간격을 두고 초록에 이어 제시한다.

예시 3.

본 연구의 목적은 가족들이 관찰을 통해 가족 구성원의 도박행동을 파악할 수 있는 문제 도박 조기탐지 및 대처를 위한 가족용 척도를 개발하는 것이다. 이를 위해 이론적 접근과 경험적 접근을 통합하여 가족용 척도에 필요한 구성개념들을 추출하였다. … 마지막으로 본 연구의 제한점과 의의에 대해 논의하였다.

주요어: 문제 도박, 가족척도, 척도개발, 조기탐지, 예방

4.10 본문

본문의 내용은 신명조체 10호로 심사용일 경우 1단, 게재 확정 후 출판용일 경우 2단으로 편집하며, 두 칸 들여쓰기로 각 문단을 시작한다. 제목을 생략하는 서론을 제외한 '방법', '결과' 및 '논의'의 큰 제목은 신명조, 11호, 진하게, 가운데 정렬로 표기한다.

4.10.1 서론: 연구의 배경과 연구 문제 등을 소개하는 서론은 '방법'이나 '결과' 등의 다른 요소들과는 달리 '서론'이라는 제목 없이 바로 내용을 기술한다.

4.10.2 방법: 연구의 대상, 절차, 측정 도구 등의 논문의 '방법'에 대한 사항들은 '방법'이라는 제목 하에(진한 신명조, 11호) 한 줄 띄우기를 한 후 기술하고, 각 요소들의 빠르고 명료한 이해를 돕기 위해 적절한 소제목들을 사용한다(예: '참여자', '측정도구', '절차'). 소제목의 편집양식은 소제목 체계의 수준별 지침을 따른다(4.10.5 참조).

4.10.3 결과: 연구의 주요 결과는 '결과'라는 제목 하에(**진한 신명조, 11호**) 한 줄 띄우기를 한 후 기술하고, 이 경우에도 독자의 빠른 이해를 돕기 위해 적절한 소제목들을 사용하여 내용을 제시할 수 있다(예: '참여자의 인구사회학적 특성', '탐색적 요인 분석', '신뢰도 및 타당도' 등).

4.10.4 논의: 논문의 핵심 결과에 대한 평가 및 선행 연구와의 비교, 연구 결과의 의의 등을 기술하는 논의와 관련된 내용은 '논의'라는 제목 하에 (진한 신명조, 11호) 한 줄 띄우기를 한 후 제시한다.

4.10.5 소제목 체계: '방법', '결과', '논의' 등의 큰 제목 외에도 각 절 (section) 내에서 상이한 요소들의 내용을 효과적으로 제시하기 위해 소절로(subsection) 구분하고, 소제목을 사용하게 된다. 미국심리학회 출판지침 (2009)에서는 한 수준에서 다섯 수준까지의 5단계 제목 체계에 대한 편집양식을 제시하고 있는데, 연구자는 내용이 가장 효과적으로 전달될 수 있는 범위 내에서(일반적으로 3-4수준) 적정한 수준의 소제목 체계를 결정하여 내용을 작성한다. 글자체 등의 제목 편집양식은 각 수준별로 다르며, 장

평은 95, 자간은 −10으로 한다(예시 4, 5). 단 첫 수준의 제목(방법, 논의, 결과, 참고문헌)은 글자 간격을 두 칸(한 글자)으로 한다.

예시 4. 4 수준 체제의 경우

방 법 ← 1수준: 신명조 11호 진하게, 가운데 정렬,
제목이 끝나면 1줄을 띈다.
절차 ← 2수준: 중고딕 10호 진하게, 좌측 첫째 칸에서 시작
복 립변인의 소삭 ← 3수준: 신명조 10포인트 진하게, 세 번째 칸에서 시작
보상의 크기 조작: ← 4수준: 신명조 10포인트 진하게, 세 번째 칸에서
시작하고 제목이 끝나면 쌍점을 찍는다.
본문은 2칸을 띄고 같은 줄에서 시작한다.

4.10.6 여러 연구를 기술할 경우: 두 개 이상의 연구 내용을 한 논문에서 소개하는 경우에는, 각 연구의 제목을 (보통 연구 1, 연구 2 등) 문단 가운데 진한 중고딕체 12호로 표기하고, 개별 연구의 방법, 결과, 논의는 단일 연구일 때와 동일한 방식으로 편집한다. 개별 연구의 논의와 별개로 연구 전체에 대한 종합적이고 일반적인 논의를 마지막 연구를 기술한 후 제시해야 하는데 이 경우 '종 합 논 의'라는 제목을 각 연구의 제목과 동일한 수준으로(진한 중고딕체 12호, 가운데 정렬) 편집한다. 심리학 학술지에서는 연구 제목을 비롯한 소제목 체계에 번호나 문자를(1, 2, 가, 나, …) 사용하지 않는 것을 원칙으로 하나, 연구 순서를 표시하기 위한 번호나 숫자(예: 실험 1, 실험 2, 실험 3, …)는 사용할 수 있다. 또한 개별 연구 제목의 부제를 쌍점(:)으로 구분하여 사용할 수 있다(예: 실험 1: 시각적 과제에 대한 정보 처리, 실험 2: 청각적 자극에 대한 정보 처리).

예시 5. 2개의 연구로 구성된 논문의 경우

연구 1 ← 1수준: 중고딕 12포인트 진하게, 가운데 정렬
제목이 끝나면 한 줄을 뗀다.

방 법 ← 2수준: 신명조 11포인트 진하게, 가운데 정렬
절차 ← 3수준: 중고딕 10포인트 진하게, 좌측 1칸에서 시작
독립변인의 조작 ← 4수준: 신명조 10포인트 진하게, 3칸에서 시작
보상의 크기 조작: ← 5수준: 신명조 10포인트 진하게, 3칸에서 시작하고
제목이 끝나면 콜론을 찍는다.
본문은 2칸을 띄고 같은 줄에서 시작한다.

4.11 참고문헌

참고문헌은 본문의 끝에서 두 줄을 띄어 쓴 후 작성한다. 논문에서 인용된 참고문헌은 '참 고 문 헌'이라는 제목 (**진한 신명조 11호, 가운데 정렬**) 아래에 한 줄을 띄우고 제시한다. 해당 참고문헌의 표기 언어를 기준으로 한국, 동양, 그리고 서양 문헌의 순서로 제시한다. 동양 문헌 내에서 여러 국가의 문헌을 인용할 때는 해당 문헌의 영문 국가명의 알파벳 순서대로 제시한다. 각 언어 내에서의 참고문헌 제시 순서는 저자명을 기준으로 해당 언어의 표기법을 따른다.

개별 참고문헌은 첫째 줄을 네 칸 내어쓰기를 하고, 양쪽 정렬 방식으로 편집하되, 세부적인 제시 지침에 대해서는 본 규정집의 제7장 참고문헌을 참고하도록 한다.

예시 6.

참 고 문 헌

박광배, 신민섭 (1990). 고등학생의 대학입시목표와 자살생각. 한국
심리학회지: 임상, 9(1), 1-19.
윤성림, 윤진 (1993). 청소년기 자살생각과 그 관련변인: 고교생을
대상으로 한 심리적 특성의 탐색.
　　　한국심리학회지: 발달, 6(1), 107-120.
徐復觀 (1969). 中國人性論史: 先秦篇. 臺北: 商務印書館,
陳大齊 (1954). 荀子學說. 臺北: 中華文化出版.
岡村達也 (1938). 「死に對する態度」の硏究: 靑年
　　　と成人との比較. 東京大學敎育學部紀要, 23,
　　　331-343
金兒曉嗣 (1994). 大學生とその兩親の死の不安と
　　　死親 人文硏究(大阪市立大學校文學部紀要), 46,
　　　537-564

Baumeister, R. F. (1990). Suicide as escape from self.
Psychological Review, 97(1), 90-113.
Conte, H. R., Weiner, M. B., & Plutchik, R. (1982). Measuring
death anxiety: Conceptual, psychometric, and factor-analytic
　　aspects. *Journal of Personality and Social Psychology, 43*(4),
　　775-785.

4.12 영문 제목, 저자명과 소속, 영문 초록과 주요어

한글 논문의 마지막 부분에는 영문 초록을 제시해야 한다. 참고문헌의

뒤 별지에 논문 제목, 저자명과 소속, 초록 및 주요어를 영문으로 작성한다. 영문 초록의 편집 및 작성 지침은 국문초록과 기본적으로 동일하나, 저자명을 표기할 때 이름을 성보다 먼저 제시하고(예: Gil-Dong Hong * 이름 사이에 '-'를 넣을지 아니면 붙여 쓸지 등(예: Gil-Dong Hong, GilDong Hong, Gildong Hong)은 저자 자신의 이름 표기법에 따른다), 주요어(keywords)의 글자형태는 이탤릭체로 한다. 영문 초록의 분량은 150 단어에서 250 단어 내외가 일반적이다. 영문으로 초록을 작성할 경우 성(Gender), 성적 취향(Sexual orientation), 인종 및 민족 정체성, 장애(Disability) 및 연령 등에 대한 차별 혹은 편견이 내포되지 않는 중립적인 영어 단어나 표현을 신중하게 선택하여 사용하는 것이 필요하다. 이에 대한 세부적 지침은 미국심리학회 출판지침(2009)을 참고한다.

예시 7.

The Relationship between Cognitive-behavioral Factors and Marital Dissatisfaction

JinSook Kim　　　Seok-Man Kwon

Seoul Digital University　　Seoul National University

The present research investigates the cognitive-behavioral model of marital problems. For the purpose of this study, appropriate cognitive-behavioral model was constructed and was tested through the structural equation modeling. ⋯ Clinical implication, limitations of this study, and suggestions for future research are discussed.

Key Words: martial belief discrepancy, marital perception, marital emotion, marital behavior, marital dissatisfaction, cognitive-behavioral model

4.13 부록(Appendices)

분량이나 내용 전개 등의 문제로 본문 내에서 포함하기는 어려우나 연구 내용을 이해하는 데 도움이 될 수 있는 자료들은 부록에 제시한다(예: 연구에 사용된 자극 재료, 연구용 프로그램, 치료 프로토콜, 그리고 새롭게 개발된 척도에 관한 정보 등).

부록은 영문 초록의 뒤에 별지로 '부록'(**진한 신명조 11호, 가운데 정렬**)이라는 제목 하에 제시한다. 부록의 제목은 중고딕 10호, 보통모양, 가운데 정렬로 작성하고 부록의 내용은 신명조 9호, 보통모양, 양쪽 정렬로 한다. 부록이 여러 개일 경우에는 각각에 로마숫자로 번호를 부여하여, 논문에서 언급된 순서대로 제시한다(부록 I, 부록 II, 부록 II-1, II-2). 부록이 여러 개일 경우 각각의 부록은 별지에 새로 시작한다. 기타 부록 작성에 관한 세부 지침은 본 지침의 제6장 주와 부록 부분을 참고하도록 한다.

3절; 문장 부호, 기호 및 약어의 사용

4.14 문장 부호(Punctuation)

문장 부호(마침표, 쉼표, 쌍반점, 쌍점, 줄표, 괄호, 빗금 등)는 문장의 의미가 명료하고 정확하게 전달되도록 하기 위해 사용되며, 다음과 같은 지침에 따라 사용한다. 문장부호의 사용에 대한 기타 세부적인 지침은 한글맞춤법(문교부 고시 제 88-1회, 1989)을 참고한다.

4.14.1 마침표(Period): 마침표는 기본적으로 문장의 끝을 알리기 위해 사용되며, 약어(abbreviation)나 참고문헌 등 다음의 경우에도 사용한다.

서양 이름의 머리글자(initials, M. K. Lee),

형용사로 기능하는 지명의 약자 (U.S. Navy),

연구 참여자의 신원을 감추기 위한 레이블(G.D.H.),

라틴어 약어(cf., e.g., et al., etc.),

서양 참고문헌의 표기 사항(예. Vol. 1, 2nd ed., p. 6)

그러나 약어라도, 영어대문자로 사용하는 약어와 머리글자(acronym)의 경우(예: APA, NIMH, IQ, UNESCO)에는 마침표를 사용하지 않는다. 또한 참고문헌 목록 내에서의 웹 주소 표기(예: http://www.korean-psychology.or.kr), 미터법 및 비미터법 측정 단위 약자(cm, kg, min, ml, s) 표기 등의 경우에도 마침표를 사용하지 않는다. 그리고 문장이라도 표제어나 표어에는 마침표를 사용하지 않는다. 표와 그림에서의 마침표 사용은 표와 그림의 지침(본 지침서 제5장)을 준수한다.

4.14.2 쉼표(Comma): 쉼표는 문장 내 짧은 휴지(休止, pause)를 알리기 위해 사용되며, 논문에서의 구체적인 용례는 다음과 같다.

셋 이상의 항목을 연속적으로 나열하면서 항목 간의 사이에 쉼표를 사용하며, 마지막 항목 앞에는 '와(과)' 나 '또는'을 사용한다.

예 홍길동, 이철수와 김영희(1997)는 …

예 실험 참여자의 성별, 연령, 교육, 및 소득 수준에 관한 정보는 …

본문에서 참고문헌을 괄호 안에서 인용할 경우 저자명과 연도를 쉼표로 구분한다(예: 홍길동, 2011)

1,000 이상의 숫자에서 수의 자릿점을 나타내기 위하여 3자리마다 쉼표를 넣는다(예: 32,485, 3,000). 단 쪽 번호, 온도, 자유도(degree of freedom), 일련번호(serial number) 등의 경우에는 쉼표를 사용하지 않는다.

4.14.3 쌍반점(Semicolon): 쌍반점(;)은 접속사로 연결되지 않은 두 개의 대등한 문장을 구분하기 위해서나, 이미 쉼표가 포함된 문장에서 항목들을 구분하기 위하여(예: 본문 내 참고문헌 인용시) 사용된다. 쌍반점을 사용한 이후에는 한 칸을 띄고 그 다음 항목을 시작한다.

> 예 실험조건의 참여자들은 연구에 대한 정보를 제공받았다; 통제조건의 참여자들은 연구에 대한 어떤 정보도 제공받지 못했다.
> 예 제시된 색상의 순서는 빨간색, 흰색, 파란색; 파란색, 흰색, 빨간색; 또는 흰색, 빨간색, 파란색이었다.
> 예 미리선행 연구들은 우울증상, 스트레스 등의 심리적 요인에 초점을 맞추었다(김교헌, 2004; 권선중, 최성진, 2009).

4.14.4 쌍점(Colon): 쌍점(:)은 다음의 경우에 사용되며, 사용 후 한 칸 띄어쓰기를 한다.

선행하는 문장의 예시를 들거나 확장하는 경우
> 예 Freud(1930/1961)는 두 가지 욕구에 대해 기술하고 있다: 타인과의 만남을 향한 욕구와 행복을 향한 이기적 욕구

논문에 부제를 사용하는 경우
> 예 한국인의 자살경향성: 자살의 간접 경험과 가족스트레스의 역할

비율을 표시할 때 (이 경우엔 쌍점 뒤에 한 칸 띄어쓰기를 하지 않음)
> 예 남성 대 여성의 비율은 1:3로 나타났다.

참고문헌에서 출판 지역과 출판사를 구분하기 위해
> 예 서울: 한국출판사. New York, NY: Wiley. St. Louis, MO: Mosby.

원전과 재인용 문헌의 구분
> 예 홍길동(1930: 김정희, 2000에서 재인용)은 …

…라고 제안한다(Smith, 1981: Davis, 2011에서 재인용).

4.14.5 소괄호(Parentheses, 둥근 괄호, ( )): 괄호는 묶음표의 기능을 한다. 본문 내에서 괄호를 사용할 때, 한글의 경우에는 바로 앞 글자에 띄어쓰기 없이 쓰고, 영문의 경우에는 앞 글자와 한 칸 띄어쓰기를 한 후 괄호를 사용한다. 소괄호를 사용하는 경우는 다음과 같다.

구조적으로 독립적인 요소들을 구분하는 경우

예 통증은 스트레스의 수준이 높아질수록 높아지는 경향을 보이고 있다(그림 5를 보라).

예 응답자와 무응답자간에는 성별, 연령 및 교육 수준에서 차이가 발견되지 않았다 (표 1 참조).

* 완전한 문장 전체가 괄호로 묶이는 경우 마침표는 괄호 안에 찍고, 문장의 일부만 괄호 안에 묶일 때는 마침표를 괄호 밖에 찍는다.

약어를 소개할 때

예 성격 변인은 '기질 및 성격검사'(Temperament and Character Inventory: TCI)를 사용하여 측정하였다.

문장 내에서 연속적으로 이어지는 항목들을 나열할 때 이들을 구분하는 기호처럼 사용되는 문자나 숫자가 있는 경우 (이 경우 앞 단어 뒤 한 칸을 띄어 씀)

예 본 실험에 사용된 색깔 배합의 세 가지 종류는 (가)노란색–빨간색, (나) 파란색–빨간색, (다) 초록색–빨간색이었다.

수학적 표기나 공식을 묶어 제시할 때

예 $(x - 1)/(y - 2)$

예 $U_x(p) = (m_1 - m_0) \, p_x(1 - p_x)$

본문 내에서 참고문헌을 인용할 경우

예 홍길동(2011)에 의하면, …

…라고 제안한다(김철수, 이영희, 1999).

예 …라고 주장한다(Smith & Casey, 2010).

Smith와 Casey(2010)의 실험에서는, …

　* 영문 참고문헌을 인용할 경우 두 명 이상의 저자를 표기할 때, 문장 안에서는 "와(과)" 등 한글을 사용하고, 괄호 안에 표기할 때는 쉼표(영문에서는 "&")를 사용한다.

직접 인용한 글의 쪽 수를 표기할 때

[예] 도식은 "경험의 패턴이나 주제로 만들어지거나 구성되어 있는 추상적 구조이다"(Mahoney, 1991, p. 78).

참고문헌 목록에서 저자 명 뒤에 출판연도를 제시해야 하는 경우(이 경우 저자명 뒤 한 칸을 띄어 씀)

[예] 홍길동 (2011) 학술논무 작성 및 출판지침. 서울: 한국출판사

통계치를 포함할 때

[예] 통계적으로 유의했다(p = .031).

[예] F(2, 116) = 3.71

4.14.6 대괄호(Brackets, 각괄호, [ ]): 대괄호는 다음의 경우에 사용한다.

신뢰구간(Confidence Interval)의 상한 값과 하한 값을 표시할 때

[예] 95% CI [−7.2, 4.3], [9.2, 12.4], [−1.2, −0.5]

소괄호 내에서 괄호를 또 다시 사용해야 하는 경우

[예] (통제군의 [n = 8] 결과는 표 2를 참조하라)

인용된 자료에서 원전의 저자가 아닌 다른 사람에 의해 추가된 부분을 표시하기 위해

[예] "when [his own and others'] behaviors were studied" (Hanisch, 1992, p. 24).

4.14.7 인용 및 인용부호

다른 저서나 논문으로부터 제목이나 내용 등을 직접적으로 인용할 때는 큰따옴표와 작은따옴표를 사용하고, 상당한 분량을 인용할 경우에는 블록 인용(Block Quotation)을 사용한다.

(1) 큰따옴표(" ")의 사용

원 출처에서 직접적으로 인용된 자료 외에도, 큰따옴표를 사용하는 경우는 다음과 같다.

빗대어 한 말, 속어(slang), 또는 신조어(neologism) 등을 본문 내에서 처음으로 표기할 때(두 번째 사용부터는 인용부호를 사용하지 않음).

예 "이상" 행동으로 간주되었다.

학술 논문이나 저서의 소단원의 제목을 본문 내에서 언급할 때

예 박형민(2010)은 그의 저서 "자살, 차악의 선택: 자살의 성찰성과 소통 지향성"에서 자살의 유형을 8가지로 구분하고 있다.

검사 문항이나 실험 참여자들에게 제공된 지시문을 주어진 형태 그대로 제시할 때

예 자살 사고의 유무는 "지난 1개월간 귀하는 자살에 대하여 생각했습니까?"라는 질문에 대한 응답으로 평가했다.

(2) 작은따옴표(' ')의 사용

작은따옴표는 큰따옴표로 이미 인용되고 있는 문장 내에서 또 인용된 자료를 표시해야 할 경우 사용한다.

예 Beck(1976)은 "우울증이 정신분석학자의 주장처럼 '내향화된 분노'라고 개념화되는 것은 부적절하다"고 주장하였다.

(3) 인용부호를 사용하지 않는 경우: 블록 인용(Block quotation)

미국심리학회 출판지침(2009)은 40단어 이상의 내용을 인용할 경우에는 블록 인용방식을 사용할 것을 권고하고, 이 경우 인용부호를 사용하지 않는다. 단, 블록 인용한 문장 내에 인용된 자료가 포함되어 있을 경우에는 큰따옴표를 사용한다. 블록 인용하는 부분은 쌍점 이후에 표기하고, 좌측 여백에서 세 글자 들여 쓰고, 신명조체 9호로 편집한다.

예 Rogers(1980)는 감정이입을 다음과 같이 설명한다: 이는 다른 사람의 개인적인 인식세계로 들어가 그곳에서 완전히 편안하게 되는 것을 의미한다. 사람들이 경험하는 공포, 분노, 유연함 또는 혼란 등 무엇이든 간에, 이런 매순간에 변화하는 다른 사람이 느끼는 감정 의미에 민감하게 되는 것이다. 판단 없이 섬세하게 그것 안에서 움직이면서 다른 사람의 삶을 일시적으로 살아가는 것을 의미한다(p. 142).

(4) 줄임표(Ellipsis points) (…): 인용한 자료의 일부를 생략했다는 것을 표시하기 위해 줄임표를 사용한다(세 개의 점을 한 칸씩 띄어서 표기함). 두 문장 사이에 생략된 부분이 있을 경우 네 개의 점을 사용하는데, 첫 번째 점은 선행하는 문장의 종료를 표시하기 위해 추가한다.

예 Rogers(1980)는 감정이입을 다음과 같이 설명한다: 이는 다른 사람의 개인적인 인식세계로 들어가 그곳에서 완전히 편안하게 되는 것을 의미한다. 사람들이 경험하는 공포, 분노, 유연함 또는 혼란 등 무엇이든 간에, 이런 매순간에 변화하는 다른 사람이 느끼는 감정 의미에 민감하게 되는 것이다. 판단 없이 … 다른 사람의 삶을 일시적으로 살아가는 것을 의미한다(p. 142).

4.14.8 줄표와 붙임표(Dash and Hyphen)

(1) 줄표(Dash, —): 기술된 내용을 부연하거나 보충하는 내용을 포함하고자 하는데, 이 내용이 문장의 흐름을 끊어놓을 수 있을 때 사용한다.

예 이 두 참여자들은—한 사람은 첫 번째 그룹에서 그리고 다른 한 사람은 두 번째 그룹에서—분리되어 검사를 받았다.

(2) 붙임표(Hyphen, -): 논문에서 합성어를 나타낼 때 사용한다.

예 사고–행위 융합, 사고–사건 융합, 추상성–구체성 차원

4.14.9 빗금(Slash, /): 다음과 같은 경우에 빗금을 사용한다.

대응, 대립 혹은 대등되는 것을 함께 보이는 구, 절 사이(한글맞춤법 참조)

예 착한 사람/악한 사람, 백이십오 원/125원

분수 표기에서 분자와 분모 구분

예 1/2, 1/4 분기

숫자와 함께 표기된 측정 단위를 구분하기 위한 '… 당(per)'을 표시할 때

예 7.4 mg/kg

본문 내에서 재 출판된 저서의 인용 시 (원 출판연도/재출판연도)

예 Freud (1923/1961)

4.14.10 문장 부호 뒤의 띄어쓰기: 다음의 부호 뒤에는 한 칸 띄어쓰기를 한다.

쉼표, 쌍점, 쌍반점

참고문헌 인용 시 저자명과 연도를 구분하는 쉼표 뒤(예: 홍길동, 2011)

영문 이름의 머리 문자(initials)의 마침표 뒤(G. D. Hong)

그러나 약어 안의 마침표 뒤에는 띄어쓰기를 하지 않고(예: a.m., e.g.) 비율 표시에 사용하는 쌍점 뒤에는(예: 1:3) 띄어쓰기를 하지 않는다.

4.15 맞춤법

한글 논문을 작성할 때는 한글맞춤법(문교부 고시 제 88-1회, 1989)의 지침을 따르며, 필요에 따라 외래어 표기법 및 로마자 표기법의 지침(국립국어원) 또한 참고한다.

4.16 약어

4.16.1 약어(준말, abbreviation)의 사용: 논문 작성 시 지나치게 긴 전문용어가 반복적으로 사용되는 경우, 약어를 사용할 수 있다. 미국심리학회 출판지침(2009)은 내용의 명확한 전달을 위해 약어는 가급적 적게 사용하되, 상당한 지면 절약 효과와 과도한 반복을 피할 수 있는 경우, 그리고 약어가 독자들에게 더 잘 알려져 있는 경우(예: MMPI)에 약어를 사용할 것을 권고한다. 약어를 사용할 경우 처음 소개할 때는 반드시 완전한 용어 명을 소괄호 내에서 표기해 준다.

> 예 만성피로증후군(Chronic Fatigue Syndrome: 이하 CFS)의 원인에 대해 다양한 주장이 되고 있다. 김철수(2000)는 CFS의 원인으로 …
> * 단 사전에 등재되어 이미 일반 단어처럼 여겨지는 약어의 경우에는 본문 내 설명을 생략할 수 있다.
> 예 IQ REM ESP AIDSHIV ACTH

4.16.2 심리학 학술지에서 자주 사용되는 약어: 사전에는 나오지 않아도 전문 학술지나 저서 등에서 자주 사용되는 전문 용어의 약어들이 있다. 그러나 이 경우에도 처음으로 소개되는 경우에 한해 풀어서 설명해 준다.

> 예 조건 자극(Conditional Stimulus: CS)
> 실험 간격(Intertrial Interval: ITI)
> 반응시간(Reaction Time: RT)
> 단기기억(Short-Term Memory: STM)
> 다면적 인성검사(Minnesota Multiphasic Personality Inventory: MMPI)

4.16.3 라틴어 약어(Latin abbreviations): 영문 논문에 적용되기는 하나, 본문 내 괄호 안에서 예시를 제시하거나, 부연 설명하거나, 복수의 저자명을 대표 저자명만을 사용하여 표기하는 경우, 참고할 만한 문헌을 제시하는 경우 등에 라틴 약어들을 사용한다.

> 예 e.g.(exempli gratia): 예를 들면
>
> et al.(et alia): … 외
>
> i.e.(id est): 즉, 다시 말하면
>
> cf.(confer): 참조
>
> , etc. (et cetera): … 등

4.16.4 측정 및 통계의 단위로서의 약자: 수치가 함께 제시되는 미터법과 비미터법 단위에는 약자를 사용하고, 수치가 제시되지 않는 경우에는 원래 형태로 풀어쓰고 영문 표기 시에는 소문자로 표기한다. 측정 단위는 기본적으로 국제단위계를 따르며, 상세한 측정 단위 목록과 표기법에 대한 정보는 지식경제부 기술표준원의 법정 계량 단위 표기 지침을 따른다 (http://www.kats.go.kr/unit/use/use_explain02.asp).

숫자와 측정 단위를 함께 표기할 경우, 측정 단위가 한글인 경우에는 숫자와 붙여 쓰고, 영문인 경우에는 한 칸을 띄워 쓴다.

> 예 3 cm   24 hr   150 lb   12 min
>
> 예 15센티미터로 측정되었다. 37데시벨 수십 킬로그램
>
> 통계 기호도 약자를 사용하는 경우가 많은데, 자주 사용되는 기호 목록은 4절을 참조한다.

측정 단위의 통용 약자(APA, 2009, p. 109)

약자	원어	한글
cm	centimeter	센티미터
mm	millimeter	밀리미터
km	kilometer	킬로미터
m	meter	미터
g	gram	그램
kg	kilogram	킬로그램
mg	milligram	밀리그램
dB	deicibel	데시벨
Hz	hertz	헤르츠
in.	inch	인치
kW	kilowatt	킬로와트
L	liter	리터
ml	milliliter	밀리리터

4.16.5 이탤릭체의 사용: 학술 논문 작성에서 이탤릭체(*italics*)를 사용해야 하는 경우는 다음과 같다.

서양 외국어로 된 저서 및 정기간행물

예 *American Psychologist, Publication Manual of the American Psychological Association*

참고문헌 목록에서 서양 정기간행물 권(volume) 번호

예 *Psychological Bulletin, 49*

* 한국어 저서 및 정기간행물 명과 권 번호는 이탤릭체 대신 '진한' 글씨체로 표기한다.

통계 기호, 수학 변수

예 Cohen's $d = 0.08$, $a/b = c/d$, df

일부 검사 점수 및 척도 약어

예 로샤(Rorschach) 검사 점수: $F+\%$, Z

다면적 인성검사 하위 척도(MMPI): Sc, Pd, Pt

4절; 숫자와 통계치

4.17 숫자(기수, 서수, 소수의 사용)표기 지침

미국심리학회 출판지침(2009)에 따라서 일반적으로 10 이상의 숫자를 표기할 때는 아라비아 숫자, 10 이하의 숫자를 표기할 때는 문자로 기술하도록 한다.

4.17.1 기수: 수는 아라비아 숫자로 표기하는 것을 원칙으로 하며, 다음의 경우에는 수를 문자로 표기할 수 있다.

　자주 사용되는 분수를 본문에서 문장으로 표현할 때
　　예 학생의 이분의 일, 참여자의 삼분의 이
　대략적 추정치를 기술할 때
　　예 대략 두 세 시간
　수의 단위가 클 때 아라비아 숫자와 문자로 함께 표기
　　예 수도권 인구가 5년 사이에 160만 명이 늘어났다.

4.17.2 서수: 서수도 기본적으로 기수 표기 지침에 준해 표기한다. 즉 열 번째 이하는 문자, 그 이상의 경우는 아라비아 숫자로 표기한다. 단 비교나 대응을 할 경우에는 아라비아 숫자를 사용할 수 있다.

　　예 첫 번째 지시문과 세 번째 지시문
　　　12번째 참여자와 15번째 참여자

4.17.3 소수

(1) 통계치가 1이상일 수 있을 때, 1미만인 경우에는 소수점 앞에 0을 표기해 주고, 상관계수, 비율, 유의도 수준처럼 통계치가 1을 넘어설 수

없는 경우에는 0을 생략한다.

> 예 0.42 cm, 0.32초, Cohen's d = 0.70
> r (24) = −.43, p = .028

(2) 실험/조사 결과나 분석 자료를 보고할 때, 소수점의 자릿수는 소수점 이하 두 자리 혹은 세 자리까지 표기하는 것이 일반적이다. 상관 계수, 비율, 그리고 추론 통계치(예: t, F, x^2)는 소수점 이하 두 자리까지 표기하는 것을 권장한다.

(3) 통계적 유의도(p 값)를 보고할 때는 소수점 두 자리 혹은 세 자리까지의 정확한 수치를 보고한다(예: p = .024). 단, 그 값이 .001보다 작은 경우에는 p < .001로 보고한다.

4.17.4 로마 숫자: 영문에서 제1종 오류(type I error)와 제2종 오류(type II error) 등 로마 숫자가 용어의 일부인 경우에는 로마숫자로 표기한다. 부록이 복수인 경우 번호를 붙일 때 로마숫자를 사용한다.

> 예 부록 I, 부록 II, 부록 III …

4.18 통계치 및 공식

4.18.1 기본 지침

(1) **통계치의 보고**: 논문에서 제시되는 통계치는 문장, 표, 그리고 그림의 형태로 소개될 수 있고, 결과를 가장 효과적으로 전달할 수 있는 방식을 선택하는 것이 적절하며, 이에 대한 결정을 돕기 위해 미국심리학회 출판지침(2009)은 다음과 같은 일반적 원칙을 제안한다. 세 개 또는 그 이하의 수치를 소개해야 할 때는 우선적으로 문장으로 제시하고, 4–20개의 수

치에는 표 형태로, 그리고 20개 이상의 수치에는 표 보다는 그래프 형태로 제시하도록 권고한다.

(2) **통계기법에 대한 참고문헌**: 일반적으로 통용되는 통계에 대한 참고문헌을 제시할 필요가 없으나, 다음의 경우에는 참고문헌을 제시한다.

　　최신 통계로 학술지에서만 찾아볼 수 있는 덜 일반적인 통계가 사용된 경우

　　통계 기법이 이례적이거나 논란의 소지가 있는 방식으로 적용된 경우
　　통계 기법 자체가 논문의 초점인 경우

(3) **통계 공식 표기**: 통계 공식의 경우에도 동일한 원칙을 적용하여, 통용되는 통계에 대해서는 공식을 제시하지 않으나, 새롭거나 흔히 사용되지 않거나 혹은 논문에 필수적인 경우에는 제시해 준다.

4.18.2 본문에서의 통계치 제시

(1) 추론 통계치(예: t 검증, F 검증, 카이자승 검증 및 관련된 효과 크기와 신뢰구간)를 보고할 때는 독자가 수행된 분석을 이해할 수 있도록 충분한 정보를 제공하는 것이 필요하다. 충분한 정보의 기준은 자료 분석에 사용된 통계 기법에 따라 다르며, 세부 지침은 본 지침서의 제2장 논문의 내용과 구성(2.12 결과)을 참고한다. 본문에 통계검증결과를 제시할 때, 통계 검증치를 ( )안에 묶지 않는다(예 참고).

　　예1 고등학교 성적은 대학 수학 성적을 통계적으로 유의하게 예측했다.
　　$R^2 = .12$, $F(1, 148) = 20.18$, $p < .001$, 95% CI [.02, .22]. (O)

　　　　고등학교 성적은 대학 수학 성적을 통계적으로 유의하게 예측했다
　　　($R^2 = .12$, $F(1, 148) = 20.18$, $p < .001$, 95% CI [.02, .22]). (×) → 통계 검증치를 (　)에 넣었기 때문.

예2 네 개의 하위 검사 점수의 추가는 예언력을 증가시켰다.

$R^2 = .21$, $\Delta R^2 = .09$, $F(4, 144) = 3.56$, $p = .004$, 95% CI [.10, .32]. (O)

네 개의 하위 검사 점수의 추가는 예언력을 증가시켰다

$(R^2 = .21$, $\Delta R^2 = .09$, $F(4, 144) = 3.56$, $p = .004$, 95% CI [.10, .32]). (×) →
통계 검증치를 (　)에 넣었기 때문.

예3 … 유관한 것으로 나왔다. $\chi^2(4, N = 192) = 30.92$, $p = .045$.

(2) 기술 통계치를 표나 그림의 형태로 제시하였을 경우에는 본문에서 다시 반복할 필요 없이 해당 표를 인용한다. 그러나 연구 결과의 해석에 도움이 될 경우 일부 통계치를 설명할 수 있다.

(3) 일련의 유사한 통계치를 나열할 경우에는 각 통계치와 언급 대상이 정확하게 매치될 수 있도록 "각각" 혹은 "순서대로"라는 단어 등을 사용하여 기술한다.

예 탐사조건에 따른 반응 시간 평균은 동일 방향, 직교 방향, 그리고 반대 방향 조건에서 각각 498ms, 510ms, 499ms 이었다.

예 네 가지의 카드 중 선택한 카드의 비율을 번호에 따라 순서대로 제시하면, 91%, 74%, 33%, 22%였다.

(4) 신뢰 구간(Confidence interval: CI)을 보고할 때는 "95% CI [하한 값, 상한 값]"의 형태로 표기한다. 신뢰 구간을 표기할 때는 신뢰 수준을 명확히 제시해 주는 것이 필요하다(예: 95% CI, 99% CI). 신뢰 구간이 추정치(point estimate)를 보고한 후 신뢰구간을 제시할 때, 측정 단위는 반복하지 않는다.

예 $M = 30.5cm$, 99% CI [18.0, 43.0]

4.18.3 통계 기호

(1) 통계 용어를 본문 내에서 서술하는 경우에는 기호 대신 용어로 기술하고, 괄호 내에서 기술할 때는 기호를 사용한다.

> 예 실험 집단의 평균과 표준편차는 각각 58.25, 8.080이었다. (O)
>
> 실험 집단의 M 과 SD 는 각각 58.25, 8.080이었다. (X)
>
> 예 실험조건의 표준편차는 2.57로 통제조건의 표준편차(SD=5.21)보다 작았다.
>
> 예 평균은 실험조건에서 더 높았다($M = 3.57$, $SD = 2.57$).

(2) 모집단을 나타내는 모수 통계치(parameter)는 일반적으로 그리스 소문자를 쓴다(예: μ, σ). 대부분의 표본 통계치(estimators)는 이탤릭체의 라틴 문자로 표기한다. 예를 들어, 모집단의 상관은 'ρ'로 표기하나, 표본 통계치는 'r'로 표기한다. 일부 통계 검증치는 이탤릭체 라틴 문자 (예: t 검증, F 검증)로 표기하고, 일부는 그리스 문자 (예: Γ)로 표기한다.

(3) 연구 대상자 수를 표기할 때는 전체 표본의 수를 표기할 때는 이탤릭체 대문자 N을 쓰고(예: N=234), 전체 표본 중 일부 그룹의 수를 표기할 때는 이탤릭체 소문자 n을 사용한다(n=140).

(4) 백분율 기호(%)는 숫자가 함께 표기될 경우에만 사용하고, 숫자 정보가 제공되지 않을 때는 백분율(Percentage)라는 단어를 사용한다. 단 표나 그림의 소제목은 공간 절약의 목적으로 백분율 기호(%)를 사용한다.

> 예 연구 참여자 중 45%가 여성이었다.
>
> 예 연구 참여자 중 여성의 비율이 남성보다 더 높았다.

(5) 논문에서 통계와 수학 기호를 사용할 때는 글자체는 '보통체(standard)', '진하게'(**boldface**), 그리고 이탤릭체(*italic*)의 세 가지 방식으로 표기될 수 있다.

그리스 문자, 위 첨자와 아래 첨자는 변인이 아닌 식별자(identifiers)로

사용되는 경우와 약어로 사용될 때는 보통체(예: log, GLM, WLS)로 표기
한다.

벡터(vector)와 행렬 부호는 진하게 표기하고(예: ν , Σ), 기타 다른 통
계치는 이탤릭체로 표기한다(예: N, M, df, SSE, MSE, t, F).

(6) 수학 공식을 표기할 때는 일반 단어처럼 적절한 띄어쓰기를 한다.

예 a + b = c (O)   a+b=c (X)

기호와 부호는 정확하게 정렬하고, 위 첨자와 아래 첨자를 활용한다. 아
래 첨자를 먼저 쓰고 위 첨자를 쓰는 것(예: x_a^2)이 일반적이나, 표기하는
부호들 중 더 우선적인 것이 있다면 그것을 먼저 써 주도록 한다(x_a').

(7) 자주 사용하는 통계 약어와 부호들이 표(예시 8)에 나와 있다.

예시 8.

약어	정의
ANCOVA	공변량분석(Analysis of Covariance)
ANOVA	변량분석(Analysis of Variance)
CFA	확인적 요인분석(Confirmatory Factor Analysis)
CI	신뢰구간(Confidence Interval)
d	Cohen의 효과크기
df	자유도 (degree of freedom)
EFA	탐색적 요인분석 (Exploratory Factor Analysis)
ES	효과 크기 (Effect Size)
f	빈도(Frequency)
F	Fisher의 F 비
F_{max}	Hartley의 변량 동질성 검사
FIML	완전정보 최대우도법(Full Information Maximum Likelihood)
GLM	일반 선형 모형(Generalized Linear Model)

HLM	위계적 선형모형(Hierarchical linear model)
$KR20$	Kuder-Richardson 신뢰도 계수
LL	신뢰구간(CI)의 하한값(Lower limit)
LR	우도비(Likelihood Ratio)
M	표본 평균 (산술 평균)
MANOVA	다변량분석(Multivariate Analysis of Variance)
Mdn	중간값(Median)
MLE	최대 우도 추정값(Maximum Likelihood Estimate)
MS	평균 제곱(Mean Square)
MSE	평균 제곱 오차(Mean Square Error)
ns	통계적으로 유의하지 않음 (not statistically significant)
OR	교차비 또는 오즈비(Odds Ratio)
p	확률; 이항 변수의 성공 확률
r	Pearson의 상관계수
rs	Spearman의 상관계수
R	다중 상관 계수(multiple correlation)
R^2	회귀분석의 결정계수
RMSEA	모형 적합도 지수(Root Mean Square Error of Approximatio)
SD	표준 편차(Standard Deviation)
SE	표준 오차(Standard Error)
SEM	측정의 표준 오차(Standard Error of measurement)
SEM	구조방정식(Structural Equation Modelling)
t	t 검증의 표본 통계치
U	Mann-Whitney 검증 통계치
UL	신뢰수준의 상한 값(Upper Limit)
z	표준화점수

* 출처: Statistical Abbreviations and Symbols in Publication Manual of the American Psychological Association (pp. 119-121). Washington, DC: American Psychological Association

표현	정의
α	제1종 오류, 내적 일관성 지표(Cronbach's alpha)
β	제2종 오류, 모집단의 회귀 계수
ε^2	변량 분석에서 관계의 강도를 나타내는 측정치

Δ	변화 증분 (increment of change)
η^2	관계의 강도 측정치 (eta squared)
$\theta\,k$	메타 분석시의 일반적 효과 크기
κ	Cohen's kappa 의 일치도 (관찰자간/평정자간 신뢰도)
μ	모집단 평균
ρ	모집단의 상관계수
δ	모집단 표준편차
δ^2	모집단 변량
χ^2	카이자승 검증의 표본통계치
ω^2	통계적 관계 강도(효과 크기)

* 출처: Statistical Abbreviations and Symbols in *Publication Manual of the American Psychological Association* (pp. 122-123). Washington, DC: American Psychological Association

4.18.4 공식의 표기

(1) 수학 공식을 삽입할 경우에 자간을 잘 띄어서 읽기 쉽게 만든다. 만일 공식이 길어져 한 줄을 넘어가게 되는 경우 적절하게 끊어 준다.

　예 a+b=c (X)
　　　a + b = c (o)

(2) 본문에서 공식을 표기할 때는 위나 아래 줄을 침범하지 않도록 다음과 같이 표기할 수 있다.

　예 $a = [(1 + b)/x]^{1/2}$ (o)

(3) 분수를 본문에서 표기할 때는 빗금(/)을 사용하고, 소괄호(parentheses, ( )), 대괄호(brackets, '[ ]'), 그리고 중괄호(braces, { })의 순서로 적절한 괄호를 사용하여 표기한다.
(4) 공식을 표기할 때는 새 줄에서 시작하고, 위와 아래 모두 한 줄을 띄어준다. 이후 본문에서 번호로 참조해야 할 경우 간단한 공식이라도 표기하

고, 복잡한 공식은 반드시 기술해 준다. 소개된 모든 공식의 괄호 안에 넣어진 번호를 순서대로 부여하여, 면의 오른쪽 여백에 배치한다. 본문에서 공식을 참조하는 경우에는 "공식 1" 또는 "첫 번째 공식"이라고 언급한다.

예 $P = 1 - 2^{-\mathrm{S}(x \cdot \cos(\theta) + y \cdot \sin(\theta))^{\mathrm{K}}}$

▶ 편집 양식 점검표

체크		점검사항
예 아니오 □ □		투고하고자 하는 학술지 지침에 맞게 용지 여백, 줄 간격, 자간, 장평을 적절하게 설정하였는가?
□ □		논문의 용도(심사 혹은 출판)에 맞게 1단 혹은 2단으로 편집되었는가?
□ □		논문 전반에 걸쳐 동일한 수준에 있는 소제목들이 일관된 형식으로(글자체, 글씨크기, 글자 형태) 편집되었는가?
□ □		논문의 각 요소들은 요소 별 지침에 부합되게 편집되었는가? (글자체, 들여쓰기, 띄어쓰기, 정렬 방식 등)
□ □		문장 부호(마침표, 쉼표, 쌍점, 쌍반점, 따옴표, 괄호 등)가 적절한 곳에 정확하게 사용되었는가?
□ □		약어의 사용은 정확하고 적절하며, 사용된 약어에 대해서는 첫 사용에서 정확한 설명을 제공하였는가?
□ □		실행된 통계 분석 결과 이해에 필요한 기본 정보를 모두 제공하였는가?
□ □		각종 수학, 측정 및 통계 기호를 정확하게 표기하였는가? (정확한 약어 및 글자체)

chapter5
결과제시 방법
(표와 그림)

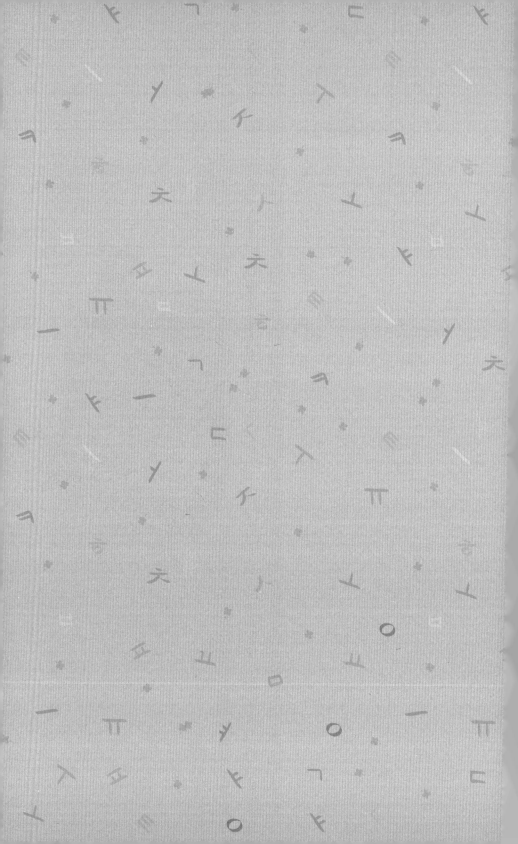

05 결과제시 방법
(표와 그림)

제한된 지면을 통해 많은 정보를 제시해야 할 경우, 표와 그림을 활용하는 것이 효과적이다. 표는 양적인 정보나 질적인 정보(예: 치료 프로그램의 회기별 핵심내용이나 실험에 사용한 단어 목록 등)를 일정한 규칙에 따라 행과 열로 나누어 배치한 자료다. 그림은 일반적으로 문자로 표기할 수 없는 정보를 시각적으로 표현한 자료를 의미하나, 양적인 정보를 차트나 그래프로 표현한 자료 또한 그림으로 간주한다. 표와 그림을 활용하면 연구내용을 좀 더 체계적인 형태로 제시할 수 있고, 지면활용의 효율성 또한 높일 수 있다.

연구정보를 제시할 때 표나 그림을 활용하기로 결정했다면, 어떤 정보를 제시할지 선택해야 한다. 선택의 권한은 전적으로 연구자에게 있지만, 그 과정에서 몇 가지 고려해야 할 사항들이 있다. 첫째, 너무 많은 표나 그림으로 인해 정작 중요한 내용을 파악하기 힘들게 해서는 안 된다. 연구 주제와 직접적으로 관련된 중요한 정보만을 표나 그림으로 제시해야 하며, 부수적이거나 지나치게 상세한 정보는 과감히 생략하거나 필요하다면 부록에 제시하는 것이 바람직하다. 둘째, 본문과 비교할 때 너무 많은 표나 그림이 제시되면 본문의 흐름이 자주 끊겨서 내용을 파악하기 어렵게 된다. 표나 그림의 틀이 차지하는 기본적인 공간이 있기 때문에, 정보의 양이 많지 않다면 오히려 문장을 통해서 전달하는 것이 바람직하다.

어떤 정보를 제시할지 결정하는 것 못지않게, 연구자들 간에 합의된 양식에 맞춰 표나 그림을 작성하는 것이 또한 중요하다. 논문의 체계 혹은 작성 양식은 연구자들 간에 소통을 돕는 도구다. 상호 간에 합의된 양식에 따라 표나 그림을 작성할 경우 논문의 가독성과 소통의 효율성을 높일 수 있다.

1절; 표 (Table)

5.1 표의 구성

표는 표의 번호, 제목, 본문, 주(註)로 구성된다. 비록 본문에서 표의 내용을 언급한다 할지라도, 표에 포함된 정보만으로 표 자체를 이해할 수 있도록 약자나 특수 표기(예: 밑줄)의 의미, 측정 단위 등을 주를 통해 밝혀야 한다. 표에 사용된 동일한 정보가 여러 표에 반복해서 제시되는 일이 없도록 주의해야 하며, 한 논문 안에 제시된 표들 사이에는 양식의 일관성이 지켜지도록 해야 한다.

5.2 표와 본문의 관계

표는 본문의 내용을 보충하기는 하지만 단순히 반복하는 것이어서는 안 된다. 본문에는 제시된 표를 빠짐없이 언급하여, 독자가 본문을 읽으면서 무엇을 참조해야 할지 알려야 한다. 단, 표에 제시된 자료나 수치를 본문에 일일이 기록한다면 표를 사용한 의미가 없어지기 때문에, 본문에서는 표의 핵심 내용만을 논의해야 한다. 본문에서 표의 내용을 언급할 경우, 해당 표의 번호를 표기한다. '아래, 위 또는 ○○쪽에 제시된 표에서… '와 같은 표현은 사용하지 않는다.

예 예측한 대로 실험 결과가 나왔다(표 1).
예 표 1은 처치 후 상승효과를 보여준다.
예 표 2에 제시된 바와 같이, 인지행동치료 프로그램 참여자의 우울점수가 감소하였다.

5.3 표 번호

표를 제시할 때 본문에서 언급한 순서에 따라 아라비아 숫자로 번호를 매긴다(예: '표 1', '표 2', '표 3' 등). 비록 유사한 범주에 속하는 정보가 몇 개의 표에 이어서 제시되더라도, '표 1-1', '표 1-2' 혹은 '표 1a', '표 1b' 등의 표기는 사용하지 않는다.

부록에 표가 포함될 경우 '1'번부터 다시 숫자를 부여한다. 부록이 2개 이상일 경우 로마 숫자를 써서 부록 Ⅰ, 부록 Ⅱ, 부록 Ⅲ 등으로 표기하는데, 한 부록에 여러 표를 제시할 경우, '부록 Ⅰ'의 경우 표 Ⅰ-1, 표 Ⅰ-2 등으로 표기하고, '부록 Ⅱ'부터는 표 Ⅱ-1, 표 Ⅱ-2 등으로 표기한다.

5.4 표 제목

제목은 의미를 전달할 수 있는 범위 내에서 최대한 간단하고 명료한 형태로 기술한다. 만일 제목에 약자가 포함되어 있다면 괄호를 사용하여 설명하고, 긴 설명이 필요할 경우 표 아래에 주를 활용하여 기술한다.

표의 제목은 표의 위쪽 왼편에 위치하도록 하며 중고딕 10호, 보통모양으로 표기한다. 표 번호 바로 뒤에 마침표를 찍고, 한 칸 띄어 제목을 기술한다. 표 제목이 길어서 두 줄 이상을 차지하는 경우, 두 번째 줄을 들여쓰기나 내어쓰기를 하지 않고 '보통'으로 한다.

> 예1 명료하지 않는 표 제목[너무 일반적임]
> 대학전공과 수행간의 관계
> 예2 너무 상세한 표 제목
> 심리학, 물리학, 수학, 정치학 전공 학생의 검사A, 검사B, 검사C의 평균 수행점수
> 예3 좋은 표 제목
> 대학 전공별 학생의 평균 수행 점수

5.5 표제 단어

표제 단어(heading)는 표 안에 정보가 어떻게 조직화 되어 있는지를 보여주는 중요한 지표다. 표 내부 공간이 넉넉하지 않기 때문에 표제 단어 역시 가능한 짧고 명료한 형태로 기술해야 한다. 일상에서 사용하는 약자는 추가적인 설명 없이 사용할 수 있으나 전문용어나 특수용어에 해당하는 약자는 주에 설명을 덧붙여야 한다.

표의 각 열에는 반드시 표제 단어를 제시해야 하는데, 맨 왼쪽 열(stub column)에는 주요 독립변인을 지칭하는 표제 단어를 제시해야 한다. 하위 집단이 필요하다면 따로 열을 만드는 것보다 들여쓰기를 하는 것이 좋다 (예시 1 참조).

예시 1.

좋지 않은 예		권장하는 예	
학년	사전교육 유무	집 단	
중학생	받음	중학생	
	받지 않음	사전교육 받음	
고등학생	받음	사전교육 받지 않음	
	받지 않음	고등학생	
		사전교육 받음	
		사전교육 받지 않음	

효과적인 표 제시의 예

효율수준	남성			여성		
	n	M(SD)	95%CI	n	M(SD)	95%CI
낮음	15	.07(.10)	[.02, .11]	21	.16(.17)	[.80, .30]
중간	18	.07(.09)	[.02, .10]	15	.19(.17)	[.80, .30]
높음	19	.3(.12)	[.07, .17]	17	.28(.23)	[.15, .21]

주. CI = confidence interval.

5.6 표의 본문

표에 정보를 제시할 때도 연구 내용(주제)과 관련 있는 주요 정보만을 간결하게 표기하는 것이 바람직하다. 표의 본문에 정보를 제시할 때 측정치의 소수점 표기 기준과 단위 등을 통일시켜야 하며, 특별한 이유가 없는 한 소수점 이하 표기는 두 자리를 넘지 않도록 한다. 표 본문의 글자체는 신명조로 하되 크기는 최적의 가독성을 유지하도록 작성한다.

표에서 제시할 정보가 없는 칸은 빈칸으로 남겨둔다. 단, 어떤 이유로 인하여 자료를 얻지 못했거나 일부러 제시하지 않았을 경우에는 하이픈(−) 표시를 사용한다. 일반적으로 상관행렬 표에서 하이픈은 어떤 항목의 상관이 계산될 수 없는 경우나 동일한 측정치 간의 상관(r=1.00)을 나타낼 때 사용하는데, 이 경우는 따로 설명이 필요하지 않지만, 다른 경우에는 자료를 제시하지 않은 이유를 상세 주에 덧붙여야 한다.

최근 학계에서는 평균이나 상관계수, 회귀계수 등의 단일 측정치와 함께 신뢰구간(Confidence Intervals)을 제시할 것을 권장하고 있다. 신뢰구간을 제시할 때는 몇 %의 신뢰구간인지를 표기해야 하고(예: 95% CI), 그 범위는 최소값과 최대값을 활용하여 '[,]' 안에 제시하며, 그 사이를 구분할 때는 ' , '를 사용한다(예시 2 참조).

예시 2.

변 인	우울[a]		불안[b]	
	OR	95% CI	OR	95% CI
성별				
남성	1.00		1.00	
여성	1.98	[0.94, 4.15]	1.39	[0.79, 2.42]
대처				
문제	1.40**	[1.14, 1.72]	1.59***	[1.28, 1.97]
성서	0.94	[0.74, 1.18]	0.78**	[0.65, 0.92]

주. '고독'과 '분노'에 관한 설명모형은 유의하지 않아서 제시하지 않았음.
OR = odd ratio; CI = confidence interval.
[a]n = 96. [b]n = 102.
**p < .01. *** p < .001.

5.7 표의 주

표에는 세 가지 종류의 주(Notes)를 사용할 수 있다. 주는 중고딕, 9호 크기로 작성한다. 일반 주, 상세 주, 그리고 확률 주이다. '일반 주'는 표와 관련된 전반적인 정보를 제공하고 설명한다. 그리고 약자나 기호에 대한 설명으로 끝난다. 보통은 '주'라고 시작한다. '상세 주'는 본문 안에 포함된 특정 정보에 대한 추가적인 설명이 필요할 경우 활용하며, 위첨자로 표기한다. 표에 있는 둘 이상의 값들을 비교하고 차이의 유무를 표기하고자 할 때에도 상세 주를 활용한다. '확률 주'는 검증의 유의수준을 나타내며, 별표는 영가설이 기각되는 정도를 나타낸다. 이때 정해진 수의 별표가 의미하는 확률은 한 논문 내에서 일정하도록 한다(예외적인 경우에는 이를 분명히 밝힌다). 별표의 개수가 적을수록 높은 확률을 가리키도록 한다(예:

*$p < .05$, **$p < .01$, ***$p < .001$). ' ***$p < .001$'보다 작은 유의수준은 사용하지 않는다. 그러나 표를 만들 때 공간적 제약을 받지 않는다면 정확한 유의도 수치(예: $p=.027$)를 보고한다. 검증 방법이 다른 경우에는 확률 값의 의미를 구분할 필요가 있다. 이 경우에는 'p'가 아닌 다른 기호를 활용한다.

이상과 같은 주의 순서는 일반 주, 상세 주, 그리고 확률 주의 순서로 제시하며, 왼쪽 여백 없이 새로운 줄에서 시작한다(예시 2 참조). 특정 정보를 주에 넣을지 아니면 표의 본문에 넣을지를 결정하는 기준은 '가독성 수준'이다. 즉, 독자들이 표를 이해하고 해석하기 쉽도록 돕는 선택이 무엇인지에 따라 위치를 결정하면 된다. 주는 반복 설명을 피하는 데 유용하기 때문에, 단순히 반복되는 값들이라면 주에 삽입하는 것이 자연스러울 것이다. 반면, 확률 값이 다양하다면 주를 활용하기보다 별도의 열을 구성하여 삽입하는 것이 더 바람직할 것이다. 주 달기에서 **주의 줄 간격은 130%**로 한다.

5.8 표의 테두리 및 내부 선

표에는 명확성을 높일 수 있는 경우에만 선을 사용하며, 세로 선은 사용하지 않고 가로 선만을 사용한다. 보통은 선을 사용하기보다 적절하게 여백을 주는 것이 효과적이다. 표에서는 세로 테두리 선 또한 사용하지 않는다. 가장 바깥 가로 선은 **굵은 선(0.25 ㎜)**을 사용하고 안쪽 가로 선은 **가는 선(0.12 ㎜)**을 사용한다(예시 2, 3 참조).

5.9 표의 크기 및 인용

표를 읽기 위해서 논문을 돌려서 보아야 한다면 불편할 것이다. 따라서 가능한 표를 학술지의 크기에 맞추어서 만드는 지혜가 필요하다. 하지만 표가 크다고 해서 표 안에 쓰인 글자의 크기를 과도하게 줄여서 표를 줄이

지는 않도록 한다.

만일 논문에 다른 학술지에 실린 표를 삽입해야 한다면 저작권에 유의하여 해당 표의 주에 원전에 관한 서지정보를 표기하고, 적절한 저작권 허가 주(예: '원 저작권자의 모든 권리가 보호됨. 사용 허락을 받았음')를 표기한다(예시 3 참조). 특히, 저작권이 있는 심리검사지 문항, 검사도구의 일부분, 그림 등을 사용할 경우 서면으로 사용허락을 받아야한다.

예시 3.

표 8. Phoria, 경직화 후 상승 효과(적응 효과) 및 지적 오차(degree)의 평균(표준편차)

녹색 필터로 가린 눈	적응 전		적응효과	적응 후	
	phoria	지적오차		phoria	지적오차
좌측 눈					
$M(n=17)^a$	−7.4	−1.7	+2.6	−7.3	+1.7
SD	3.6	2.7	3.6	3.8	4.1
우측 눈					
$M(n=19)^b$	+7.7	+2.7	−2.5	+7.1	−1.0
SD	3.1	4.3	2.3	3.0	4.8

주. '−' 부호와 '+' 부호는 각각 정면의 좌측과 우측을 나타낸다.
[a]경직 후 상승효과가 나타나지 않은 관찰자 5명 제외. [b]경직 후 상승효과가 나타나지 않은 관찰자 3명 제외.
박권생 (2000). 단안 방향 지각에 관여하는 안구 위치 정보. 한국심리학회지: 실험 및 인지, 12, p. 174 에서 인용. 원 저작권자의 모든 권리가 보호됨. 인용 허락을 받았음.

5.10 특정 유형의 분석결과를 표로 제시하는 방법

혼합설계 변량분석결과 제시

평이한 다원설계(factorial design)까지는 본문에 풀어쓰고 유의한 경우와 유의하지 아니한 경우 모두 F, df, p, MSE 및 효과크기(η^2, ω^2, d 등)를 제시한다. 그러나 설계가 복잡해질수록(집단내/집단간 혼합설계, 위계적 설계 등) 분석의 전문성을 살리기 위해서 ANOVA 표를 제시한다. 이때 MSE를 제외한 SS와 MS는 생략하되 효과크기는 반드시 제시한다.

변량분석 결과 제시 예

표 4. 인지와 감정 변화 개입 프로그램 처치에 따른 우울반응의 변량분석

변산원	df	F	η^2	p
집단간				
인지(A)	2	0.80	.05	.52
감정(B)	1	5.57*	.14	.03
A x B	2	1.64	.18	.20
집단내 오차 (S/AB)	30	(20.05)		
집단내				
시점(C)	4	1.52	.05	.20
C x A	6	2.52*	.22	.03
C x B	3	3.98**	.26	.01
C x A x B	6	0.30	.02	.70
집단내 오차 (CxS/AB)	120	(1.40)		

주. 괄호안의 수치는 오차제곱평균(MSE)을 나타냄.
 * p ＜ .05. ** p ＜ .01.

두 개 표본에서 얻은 상관계수 제시

2개 표본에서 얻은 상관계수를 표시할 때, 대각선을 기준으로 왼쪽 아래에 표본 1의 상관을 제시하고, 오른쪽 위에 표본 2의 자료를 제시한다. 각 해당 표본에 대한 내용을 주에 설명한다. 한 개의 표본일 경우 왼쪽 아래에 상관계수를 제시하고 오른쪽 윗 부분은 빈칸으로 비워둔다. 대각선은 '－'로 표시한다.

두 표본의 상관계수, 평균 및 표준편차 제시 예

표 8. 문화에 따른 ASC, ATS, SBST, DBT 점수간 상관과 각 변인들의 평균 및 표준편차

측정	1	2	3	4	M	SD
1. ASC	—	.53*	.29*	−.22*	1.31	4.34
2. ATS	.53*	—	.34*	−.14*	8.33	7.54
3. SBST	.19*	.30*	—	−0.74	47.18	13.12
4. DBT	−.09	−.11	−.08	—	47.19	6.50
M	1.50	9.13	39.07	37.78		
SD	3.84	7.25	13.17	7.29		

주. 대각선 오른쪽 위는 미국인 참여자(n=286)에 대한 상관계수이고, 대각선 왼쪽 아래는 한국인 참여자(n=173)에 대한 상관계수이다. 미국인 참여자에 대한 평균과 표준편차는 세로 열에 제시했고, 한국인 참여자에 대한 평균과 표준편차는 가로 열에 제시했다. ASC = 사회적 걱정에 대한 질문지; ATS = 분노 사고척도; SBST = 사회행동 배열과제; DBT = 역기능적 신념검사. *p < .01.

표준중다회귀분석 결과의 제시

회귀분석 표에 B(비표준화회귀계수), β(표준화 회귀계수), t 값, 유의도를 제시한다. 또한 사례수는 주에 나타내고 회귀분석 방법(표준회귀분석, 위계적 회귀분석, 단계적 회귀분석 등)이 표의 제목에 들어가게 한다.

표준중다회기분석 결과의 제시 예

표 9. 삶의 질을 예측하기 위한 심리적 특성의 표준중다회귀분석

예측변인	B	β	S.E.	t	p	95% CI LL	UL
상수	36.013	.592		60.879***	.000	34.853	37.173
부정적 생각	−1.533	−.099	.358	−15.416***	.000	1.338	1.728
불안	−0.201	−.116	.046	−1.737	.082	−0.026	0.428
감사	0.283	.105	.072	2.703**	.007	0.078	0.488
우울	−0.509	−.100	−.133	−5.086***	.000	−0.706	−0.313
호기심	0.706	.080	.183	8.874***	.000	0.550	0.862
탄력성	0.545	.103	.131	5.293***	.000	0.343	0.747

$F(6,235) = 97.235 \quad p=.000$

$R^2 = .24 \quad 수정R^2 = .21$

주. N(사례수)=242. S.E.=standard error(표준오차); CI=confidence interval(신뢰구간); LL=lower limit(하한계); UL=upper limit(상한계).
* p < .05. ** p < .01. *** p < .001.

탐색적 요인분석

탐색적 요인분석 결과를 표로 만들 때 회전방법이 표 제목에 나타나게 한다. 또한 회전 된 요인부하량을 제시하고 각 요인부하량이 큰 것부터 낮은 순서로 제시한다. 요인부하량은 크기에 상관없이 모두 제시하고 .40이상인 값을 진한 글씨로 한다. 또한 각 요인의 맨 아래 칸에 Eigenvalue를 표시한다.

주축분해법을 사용한 탐색적 요인분석(Varimax회전) 결과 제시 예

표 7. 우울척도의 탐색적 요인분석 Varimax 회전 요인 부하량

문항	요인 1 미래에 대한 부정적 생각	요인 2 걱정과 불안	요인 3 신체화
나에게는 희망이 없다고 생각한다.	**.84**	.19	.13
나의 미래는 어둡다.	**.78**	.04	.26
나의 앞길은 기쁨보다는 불쾌함이 가득할 것이다.	**.77**	.33	.21
내가 진정으로 원하는 것을 얻지 못할 것이다.	**.69**	.31	.02
나의 미래는 현재보다 더 행복할 것이다.	**.63**	.18	.03
나의 삶이 후회스러워 괴롭다.	.11	**.73**	.34
이유 없이 오랜 시간 동안 걱정을 한다.	.26	**.70**	.36
나는 불안정하고 안절부절 못한다.	.25	**.70**	.12
나는 과민하고 초조감을 느낀다.	.24	**.70**	.11
나는 무섭고 거의 공포상태다.	.04	**.58**	.26
머리가 아프고 무겁다.	.09	.14	**.76**
가슴이 답답하다.	.12	.17	**.72**
식은 땀 및 오한이 난다.	-.08	.17	**.67**
온몸에 열이 치민다.	.15	.34	**.56**
입안이 마르고 쓰다.	.23	.19	**.56**
Eigenvalues	3.086	2.84	2.64

주. 요인부하량이 .40이상인 값을 진하게 표시함.

▶ 표에 관한 점검표

체크		점검사항
예	아니오	
□	□	표가 필요한가?
□	□	모든 표의 내용이 본문의 내용과 일치하는가?
□	□	제시된 표들의 양식이 일관적인가?
□	□	제시된 표의 개수는 적절한가?
□	□	제목은 간결하면서도 이해 가능한 형태로 기술되었는가?
□	□	모든 열에 표제 단어가 제시되었는가?
□	□	또한 표제단어는 짧고 명료하게 기술되었는가?
□	□	모든 약자, 밑줄, 괄호, 부호 및 특수 기호 등을 적절히 설명하였는가?
□	□	점 추정치에 대한 신뢰구간을 표기하였는가? 신뢰수준을 기술하고 모든 표에 동일한 신뢰수준이 적용되었는가?
□	□	통계유의도 수준이 사용된 경우, 모든 확률 값 혹은 수준이 정확히 표기되었는가? 확률의 표기 방법에 일관성이 있는가?
□	□	일반 주, 상세 주, 그리고 확률 주의 순서로 제시하였는가?

☐	☐	저작권이 있는 정보를 표에 포함시켰을 경우, 사용 허가를 받고 저작권과 관련된 표기를 하였는가?
☐	☐	세로 선을 제거하였는가?
☐	☐	본문에서 모든 표를 언급하였는가?
☐	☐	본문에서 표의 핵심 내용만을 설명하였는가?

2절; 그림 (Figure)

표를 제외한 모든 유형의 도해(illustration)를 그림으로 볼 수 있다. 좋은 그림의 기준은 단순성, 명료성, 그리고 연계성이다. 글이나 표로는 명확하게 표현하기 어려운 핵심 정보를 명료하게 드러내는 그림이 잘 만들어진 그림이다. 해당 정보가 이미 본문에 제시되었음에도 불구하고, 단순히 시각적 효과를 노리거나 연구 결과를 강조하기 위한 목적으로 그림을 활용하는 것은 바람직하지 않다.

5.11 그림의 종류

사진 이외에도, 변인들 간의 관계를 시각적으로 보여주기 위해서 변인의 특징(빈도, 비율, 평균 등)에 따라 다양한 종류의 그래프나 산포도, 차트 등을 제시할 수 있다. 대표적인 그림의 종류와 용도는 다음과 같다:

(1) 사진은 연구에 사용된 시각적 자극이나 실험 환경, 개입 과정, 결과

(예: 뇌 영상) 등을 표현할 때 사용한다.

(2) 선 그래프는 양적인 변인 간의 관계를 보여줄 때 사용하는데, 독립변인은 가로축에 종속변인은 세로축에 그린다. 축의 척도는 보통은 선형적(linear)이나, 대수적(logarithmic) 혹은 대수선형적(log-linear)인 것도 사용할 수 있다.

(3) 막대그래프는 독립변인이 범주 변인일 경우에 사용한다.

(4) 원(또는 부채꼴) 그래프는 비율을 보여줄 때 사용한다. 비교할 항목은 가능한 다섯 개 이하를 유지한다. 그리고 제일 큰 것에서 작은 것으로 12시 방향부터 시작하여 시계 방향으로 제시한다. 중요한 차이를 보여주기 위하여 큰 영역부터 밝은 색에서 시작해서 어두운 색으로 채색한다.

(5) 산포도는 개별 연구 대상으로부터 측정한 2개 이상의 자료(예: 한 개인의 몸무게와 키)를 축(예: 세로축과 가로축)을 활용하여 직접 표기할 때 사용한다. 이 그림은 변인 간의 관계(예: 선형적 관계)를 파악하는데 효과적이다.

(6) 차트는 집단 또는 대상간의 관계, 실험 혹은 개입 과정, 세부적인 조작 순서 등을 표현할 때 사용한다.

5.12 그림의 준비

그림은 보통 전문가에게 부탁하거나, 컴퓨터를 사용하여 만들게 되는데 이때 주의해야 할 점은 지나친 특수효과를 피해야 한다는 것이다. 특수효과(3-D 막대 등)는 컴퓨터 화면에서 눈길을 끌 수 있지만 흑백 인쇄가 된 후에는 오히려 보기가 힘들 수도 있기 때문이다. 특별한 경우를 제외하고 학술지의 경우 모든 인쇄는 흑백 인쇄라는 것을 염두에 두고 그림을 준비한다(예시 4 참조). 문서 편집용 프로그램(예: 한글)에서 직접 만들지 않고 외부에서 그림 파일을 복사해 올 경우에는, 흑백 레이저 프린터(최소 300 dpi)를 사용하여 출력한 후 이를 복사했을 때에도 잘 읽을 수 있는 정도의 해상도를 유지해야 한다.

　그림에 문자를 포함시켰을 경우, 출판 과정에서 어느 정도 축소시키더라도 읽는데 지장이 없도록 적당한 크기로 표기해야 하며, 특히 첨자를 사용했을 경우 그 크기에 주의해야 한다.

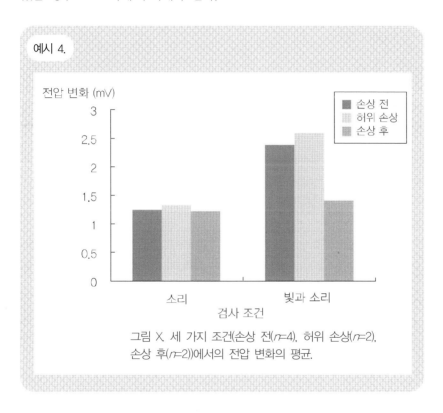

예시 4.

그림 X. 세 가지 조건(손상 전(n=4), 허위 손상(n=2), 손상 후(n=2))에서의 전압 변화의 평균.

5.13 그림 만들기

　(1) 컴퓨터 프로그램이나 사진기 등을 사용하지 않고 손으로 그려야 할 경우에는 밝은 백색지를 사용한다.

　(2) 가로, 세로축은 굵은 선을 사용한다.

　(3) 세로축의 길이는 가로축의 3/4 에서 2/3 정도로 한다.

(4) 적절한 격자 눈금을 덧붙인다. 적절한 범위를 사용하여 전체 표에 자료가 나타나도록 하며, 만일 0에서 시작하는 그래프가 아닌 경우에는 이중 사선으로 축을 끊는다. 축의 명칭과 단위를 붙인다.

(5) 사진의 경우는 가능한 흑백 필름을 사용하는 것이 바람직한데, 만일 칼라 필름을 사용할 경우 흑백 인화지로 현상 할 때 발생할 수 있는 변화에 대비해야 한다.

(6) 그림은 본문에서 언급된 순서에 따라 아라비아 숫자로 빠짐없이 번호를 표기한다.

(7) 범례(legend)는 그림 안에 사용된 기호를 설명하는 것으로, 그림 안에 위치시킨다. 범례는 그림과 통합된 정보이므로, 그림 간 범례 양식(예: 글자 종류 및 크기)을 통일한다. 사용된 범례가 본문의 기술과 일치하는지 확인한다.

(8) 그림설명(caption)은 일차적으로 그림의 제목을 의미하며 그림 아래에 표기 되어 있는 번호에 이어서 기술한다. 중고딕 9호 크기로 쓴다. 단순히 '응시 기간'이라고 표기하는 것 보다, '실험 1에서 보여준 자극제시와 눈 응시 사이의 관계 함수로서의 응시 기간' 등과 같이 충분한 내용을 기술한다. 설명 문구 다음에 그림을 명확히 해줄 정보, 예를 들면, 범례에 포함되어있지 않은 측정단위, 기호, 약자 등에 관한 설명을 덧붙여서, 독자가 그림 자체만으로 내용을 충분히 파악할 수 있도록 만들어야 한다. 만일 변산성 표시줄(error bar)이 포함되어 있다면, 그것이 표준편차인지, 신뢰한계 또는 신뢰구간 인지를 명시하고, 필요에 따라 사용된 표본 크기도 언급하도록 한다. 만일 저작권이 있는 타인의 그림을 인용할 경우, 원전에 관한 서지정보를 표기하고, 적절한 저작권 허가에 대한 설명(예: '원 저작권자의 모든 권리가 보호됨. 사용 허락을 받았음')을 표기한다(예시 5, 6 참조). 또한 그림 내에 통계적 유의수준을 표기했다면, 그림 설명에 그 확률 값을 기록한다. 그림설명에 여러 정보가 포함된다면, 제시 순서는 다음과 같다: ① 그림 자체에 대한 설명, ② 원전에 관한 서지정보 및 저작권 사용 허가

에 대한 설명, ③ 확률값 표기 기호에 대한 설명(예: $* p < .05$, $** p <$
$.01$, $*** p < .001$).

예시 5.

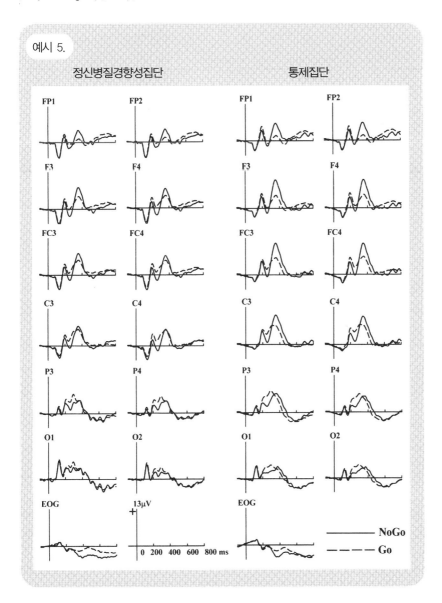

그림2. NoGo(네모), Go(원) 자극유형에 따른 정신병질 경향성집단과 통제집단의 전체평균 사건관련전위. 김영윤 (2010). Go/NoGo과제를 이용한 정신병질 경향성집단의 반응억제: 사건관련전위 연구. 한국심리학회지: 일반, 29(4), p.897 에서 인용. 원 저작권자의 모든 권리가 보호됨. 사용 허락을 받았음.

예시 6.

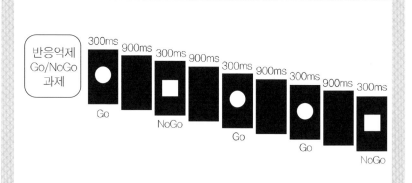

그림1. 반응억제 Go/NoGo과제의 자극제시 예. 김영윤 (2010). Go/NoGo과제를 이용한 정신병질 경향성집단의 반응억제: 사건관련전위 연구. 한국심리학회지: 일반, 29(4), p.893 에서 인용. 원 저작권자의 모든 권리가 보호됨. 사용 허락을 받았음.

▶그림 사용을 위한 검토 사항

체크		점검사항
예	아니오	
□	□	그림이 필요한가?
□	□	그림은 단순하고 명료하며 군더더기가 없고 연계성이 있는가?
□	□	그림설명에는 그림을 이해하는데 필요한 충분한 정보가 포함되었는가?
□	□	그림의 각 요소에 명칭이 부여되어 있는가?
□	□	그림에 포함된 척도나 단위 등에 명칭이 부여되어 있는가?
□	□	동일한 개념을 다루는 그림들 간에 척도나 단위 등을 통일시켰는가?
□	□	모든 그림에 아라비아 숫자로 번호를 부여했는가?
□	□	모든 그림을 본문에 언급했는가?
□	□	다른 데서 인용한 그림의 경우 저작권과 관련된 문구를 삽입하고 필요한 절차를 밟았는가?
□	□	편집 과정에서 그림이 변형되지 않도록 조치했는가?
□	□	글자는 25%~50% 정도 축소해도 읽을 수 있을 만큼 큰가?
□	□	그림 파일의 해상도는 충분히 높은가?

chapter6

주(註), 부록 및 보충자료

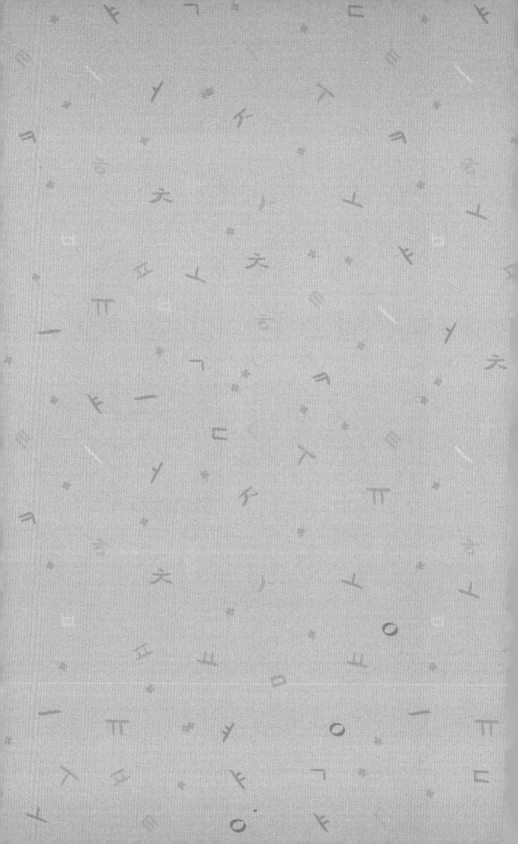

주(註), 부록 및 보충자료

06

Publication Manual of
the Korean Psychological Association

이 장은 주장을 뒷받침하기 위해 사용되는 주(註)와 부록, 그리고 보충자료에 대해 설명한다. 이는 논문 주제에 필수적이지는 않지만, 독자의 이해를 돕기 위해 사용된다. 주는 어디에 사용하느냐, 그리고 전달할 내용이 무엇이냐에 따라 본문 내용을 보충하거나 출처를 밝히기 위해 사용된다. 주에는 본문의 내용을 보충하기 위해 사용되는 내용 각주, 다른 문헌을 인용할 때 사용하는 저작권 허가 각주, 그리고 제목이 있는 첫 면 하단에 저자에 대해 보충 설명하는 저자 주, 이렇게 세 가지가 있다. 한국심리학회지에서 내용 주와 저자 주는 각주를 원칙으로 한다. 문서 작업 프로그램을 이용할 경우는 각주 번호가 있는 면의 하단에 밑줄을 긋고, 그 아래에 글자 크기 9포인트로 각주 내용을 제시한다(예시 1). 저작권 허가 각주는 표나 그림 밑에 기술한다.

1절; 주

주는 부가적인 내용을 제공하고, 저작권 허가 상태를 알리기 위해 사용한다. 본문에 사용하는 각주는 내용 각주와 저작권 허가 각주, 그리고 저자 주가 있다.

6.1 내용 각주

내용 각주는 본문의 중요한 정보를 보충하고, 부연 설명을 하기 위한 것이다. 연구자는 독자의 주의가 분산되지 않도록 하고, 인쇄비용 등의 경제성을 고려하여 본문 내용을 보강하기 위해 내용 각주를 사용한다. 따라서 복잡하고, 관련 없거나 불필요한 정보는 없어야 한다. 왜냐하면 이것이 독자에게 혼란을 주기 때문이다. 하나의 내용 각주는 하나의 생각만을 전달해야 한다. 각주에서 문단을 새로 만들거나 새로운 내용을 제시할 경우, 정보는 본문이나 부록에 쓰는 것이 좋다. 다른 방법은 본문에 꼭 제시할 필요가 없는 증명 절차나 어원의 규명과 같이 길고 복잡한 자료와 저자가 가지고 있는 자료에 대한 정보, 그리고 그 정보를 찾을 수 있는 출처 등을 각주에 짧게 제시하거나 부록으로 처리하고, 보충자료를 온라인에서 볼 수 있다고 설명하는 것이다. 번호가 붙은 각주의 경우, 저자는 보통 길게 인용하는 출처 자료를 제공한다. 표는 출처 자료를 표 주석으로 표현하고, 그림의 경우는 제목의 끝 부분에 넣는다. 모든 내용 각주는 원고에 나타나는 순서에 따라 일련번호를 부과한다. 일련번호는 위첨자로 아라비아 숫자를 반 괄호로 묶는다. 내용 각주의 길이는 반 단을 초과하지 않도록 한다. 글 제목에는 각주 번호를 붙이지 않는다. 문서 작업 프로그램으로 각주 기능을 쓸 때는 각주를 논의하는 페이지 아래에 쓴다. 그리고 각주 번호는 본문 번호와 일치해야 한다.

예시 1.

범주화[1]와 재인도 암묵기억과 외현기억의 구분과 마찬가지로 인출단계의 의도성 유무에 따라 나눌 수 있다.

...

(페이지 하단에 각주 표시줄을 긋고 각주의 내용을 적는다.)

1) 본 연구에서 사용한 '범주화'라는 용어는 감각기관을 통해 지각되는 속성들에 근거한 지각적 범주화(perceptual categorization)를 지칭한다. 이는 개념정보에 근거한 개념적 범주화(conceptual categorization)와 구분된다.

6.2 저작권 허가 각주

저작권 허가 각주는 인용의 출처를 제시하는 각주를 말한다. 즉, 길이가 긴 인용문, 척도와 검사항목, 재사용하거나 수정한 표와 그림의 출처를 공식적으로 알리는 것이다. 저자가 자료를 재사용하거나 수정하려면 저작권 허가를 얻어야 한다. 여기에는 합법적으로 인용한 자료나 제한적으로 활용 가능한 자료가 포함된다. 인용한 모든 자료는 표나 그림 하단 선 바로 밑에 '주'라고 표시하고, 그 출처를 제시한 후, 참고문헌 목록에 상세한 정보를 제공한다. 저작권 허가 각주는 번호를 붙이지 않는다.

6.3 저자 주(註)

저자 주는 저자의 소속, 감사의 말, 이해관계와 의견보류에 대한 진술, 관심 있는 독자를 위한 교신 저자의 연락 정보를 포함한다. 본문의 내용 각주와는 달리, 저자 주는 번호를 붙이지 않는다. 저자명과 소속 기관은 제목 바로 밑에 별도의 주 표시 없이 쓰고, 저자 주의 여타 내용은 위첨자 (*)를 하나씩 더해가며(*, **), 제목이 들어간 면의 하단에 각주로 표시한다. 단, 교신저자에 관한 내용은 별도로 정한다.

6.3.1 저자명과 소속: 저자 주에 들어가야 할 가장 중요한 사항은 저자명과 저자의 소속에 관련한 것이다. 저자명은 연구 제목 바로 아래 줄에 쓰고, 다음 줄에는 저자의 소속을 밝힌다. 저자명은 진한 신명조체(글자크기 11포인트)로 한 글자씩 간격을 두어 기록한다. 저자의 소속은 진한 신명조체(글자크기 10포인트)로 하고, 저자명 아래에 한 줄을 띄우고 쓴다. 저자의 소속 기관은 연구 당시의 소속을 밝히되 연구 당시와 현재의 소속 기관이 다를 경우는 해당 저자명에 위첨자로 '*' 표를 하고, 변경된 현재 소속기관을 논문 제목이 있는 첫 면 하단 각주에 대괄호([ ])로 묶어 표시한다. 저자의 세부 소속(학과명, 연구실명 등)은 하단 각주에 제일 먼저 제시한다.

교신저자는 해당 저자명에 위첨자로 '†' 표를 하고 제목이 들어간 면의 하단 각주에 '교신저자'라고 쓴 다음 콜론(:)을 한 후 저자명을 쓴다. 그리고 쉼표를 하고, 교신 저자와 관련한 사항, 즉 교신할 수 있는 연락처(주소와 전화번호, Fax 번호, E-mail)를 저자 주 맨 마지막에 쓴다.

저자가 기관에 소속되어 있지 않을 경우, 거주하는 도와 시(군)를 (외국일 경우 시와 국가, 미국의 경우 주를 포함시켜 영문으로) 써 넣는다(예: 경상남도 창녕군, 부산광역시 금정구). 그러나 해당 연구를 수행한 이래 소속이 바뀌지 않고 연락처가 편집위원회에 제출한 주소와 동일할 경우, 거주지를 따로 명시할 필요는 없다.

6.3.2 공동 저자의 표기: 저자 이름들 사이의 간격은 최소 세 글자 이상으로 하며 그 간격은 저자의 수에 따라 조정할 수 있다. 충분히 띄어쓰기(최소한 세 글자 이상)를 함으로써 저자명을 구분하지만 저자명이 너무 많을 경우는 띄어쓰기의 칸을 줄여 공동 저자명을 표기한다. 그 아래 줄에는 저자명의 순서대로 각 저자의 소속 기관을 밝힌다. 공동 저자의 소속 기관이 다를 경우도 충분히 띄어 써서 알아볼 수 있도록 한다. 단, 공동 저자들의 소속이 같으면, 공간 절약을 위해 공통된 소속 기관을 한번만 쓴다. 연구 진행 당시와 소속이 달라진 경우는 해당 저자의 연구 당시의 소속 기관에 위 첨자 '*' 표를 해당 숫자만큼 하고, 현재 소속 기관, 소속 무서를 대괄호로 묶어 페이지 하단 각주에 표시한다. 저자가 세 명 이상이고 소속이 동일할 경우는 저자명과 소속을 각각 한 줄에 표기하지만, 소속이 다를 경우는 예시 2~4와 같이 표기한다.

예시 2. 저자가 세 명이고, 세 번째 저자의 소속이 다르며 교신저자 일 때

우 리 님   김 혜 민
경상대학교 심리학과

권 석 만[*]
서울대학교 심리학과

예시 3. 저자가 세 명이고, 각자의 소속이 다를 때

최 은 희   표 현 정
영남대학교 심리학과   성바오로병원 정신과

국 승 희
전남대학교병원 정신과

예시 4. 저자가 세 명이고, 제1저자와 제3저자의 소속이 동일 할 때

신 현 정   문 은 정
부산대학교 심리학과   중앙대학교 심리학과

홍 창 희
부산대학교 심리학과

6.3.3 연구 지원: 연구비 지원이나 논문 수행에 도움을 받은 사실이 있을 경우는 제목 끝에 위첨자로 '*' 표를 하고, 하단의 각주 첫 줄에 지원 사항을 밝힌다. 여기서는 연구비 지원을 받은 사실과 논문 완성에 직접 도움을 준 이에 대한 감사 등을 기록한다. 다만, 논문 검토자나 편집자, 논문 심사자에 대한 감사의 말은 특별한 경우가 아니라면 쓰지 않는다. 특정 개념에 대해 논문 심사위원이 제시한 내용임을 밝혀야 할 경우는 그와 관련된 것을 본문에서 각주로 설명한다(예시 5).

6.3.4 기타 사항:

(1) 저자들 간에 동의 사항이 있을 경우 그 내용을 밝힌다. 예를 들어, 공동 저자가 동등하게 논문에 기여했지만, 편의상 저자명 제시 순서를 정했기 때문에 저자명 제시 순서와 관계없이 동등하게 기여했음을 밝히기로 했다면 그 사실을 이곳에 쓴다.

(2) 연구 논문의 추가적 정보에 대해 밝힐 사항이 있다면, 그 내용도 여기에 쓴다. 예를 들어, 현재 논문이 이전 연구나 학위 논문에 기초했다면 그 사실을 기록한다. 논문이 여타 세미나나 학술 발표회에서 발표된 경우에도 여기에 밝히고, 발표 날짜와 장소를 쓴다(예 1). 관련 연구에 대해 다른 논문으로 출판된 내용이 있을 경우에도 이 사실을 밝힌다(예 2). 논문

내용과 관련하여 당사자에게 이득이나 갈등이 예상될 때도 이를 언급한다. 이를테면 저자가 고용되어 있는 기관의 고용주나 지원 기관에서 논문의 내용이 그 기관의 견해를 반영하는 것이 아니라는 표현을 분명히 하기를 요구했을 때, 그 사실을 이곳에서 밝힌다. 특히, 논문에서 논의되는 특정 제약회사의 주식을 저자가 소유하고 있을 때도 그 사실을 여기에 밝힌다.

예1 본 연구는 2010년도 한국청소년상담원 학술 발표회(2월 14일, 서울 청소년상담원 대회의실)에서 발표되었음.

예2 본 연구는 2005년도 경북대학교 심리학과 박사학위 청구논문의 일부임.

예시 5.

암묵기억과 외현기억의 해리[*]

김 정 애
경상대학교 심리학과

최 성 진[†]
전남대학교병원 정신과[**]

이 유 경
경북대학교 심리학과

초록

주요어:

(본   문)

[*] 본 연구는 2010년도 한국연구재단의 학술연구비(과제번호: 00-00)에 의해 수행되었음.
[**] 현재 〔메리놀병원 정신과〕
[†] 교신저자: 최성진, (600-730) 부산광역시 중구 대청동 4가 메리놀병원 정신과.
전화 051)461-2570, Fax 051)465-7470, E-mail : dalimdrama@hanmail.net

2절; 부 록

　　본문에 제시하기에는 독자의 주의를 분산시킬 우려가 있으나, 연구물 이해에 부가적인 도움이 되는 내용이나 상세한 정보는 부록을 사용한다. 부록의 자료는 비교적 짧고 쉽게 인쇄할 수 있는 형태가 적합하다. 부록으로 적당한 예는 (a) 자극 목록(예: 언어심리학에서 사용하는 자극 목록 자료), (b) 복잡한 장비에 대한 상세한 설명, (c) 메타 분석을 위해 원자료를 제공했지만, 직접 참고하지 않은 논문 목록, (d) 연구에 참가한 집단에 대한 상세한 인구통계학적 기술, (e) 기타 세부적이고 복잡한 보고서 항목 등이다. 부록은 영문 초록 다음에 별지를 사용하여 제시한다.

6.4 부록의 구별과 인용

　　부록이 한 개일 경우는 부록을 구분하는 번호나 알파벳 없이 '부록'이라고 쓴다. 그러나 부록이 하나 이상일 때는 각 부록에 대문자로(부록 Ⅰ, 부록 Ⅱ 등) 본문에 언급된 순서대로 표기하고, 각 부록에 제목을 붙인다. 부록 표기는 진한 신명조체 11포인트로 하고, 자간 간격을 두 칸 띄어 표기한다. 그리고 각 부록은 줄을 달리하고 제목을 붙여 내용을 알 수 있도록 하며, 본문에서 부록의 제목을 참고할 수 있도록 한다.

　　예 두 연구에서의 동일한 결과(부록 Ⅰ, Ⅱ)는 …

6.5 부록의 내용과 제목 배열

　　본문과 마찬가지로 부록에도 제목과 소제목은 단으로 구분하여 표시한다. 부록 내 제목의 수준이나 단은 본문과는 별개로 처리한다. 각 부록은 새 페이지에서 시작한다. 부록의 내용 제목은 중고딕체를 써서 10포인트 크기로 가운데에 정렬하고, 부록의 본문은 신명조체 9포인트로 한다.

본문에서 인용한 내용은 본문과 같은 규칙으로 부록에 제시한다. 부록에도 본문처럼 표, 그림, 수식 등을 포함할 수 있다. 부록의 표와 그림도 인용한 순서대로 부록 내에 번호를 붙여야 한다. 부록의 표나 그림은 부록을 구분하는 로마숫자 뒤에 줄을 긋고, 아라비아 숫자로 부록 내 번호를 매겨 참고할 수 있도록 한다. 예를 들면, 부록 Ⅰ-1, Ⅱ-2, Ⅲ-3, … 식으로 한다. 부록이 하나뿐이고 그 안에 몇 개의 표나 그림이 들어갈 경우에는 부록을 구분하기 위한 로마숫자가 필요 없지만, 본문의 표나 그림 번호와 구분하기 위해 하나 뿐인 부록은 부록 Ⅰ로 표시한다. 그 뒤에는 부록 내의 표, 그림, 공식 등의 번호를 붙인다. 즉, 부록이 하나인데 그 속에 표가 여러 개일 경우에는 Ⅰ-1, Ⅰ-2, Ⅰ-3 등으로 부록 내 표 번호를 표시한다.

6.6 검사지와 질문지

새로 개발한 검사지나 질문지 문항이 한국심리학회지에 발표되면, 그 저작권은 한국심리학회에 이양된다. 다른 저자의 검사지나 질문지를 그대로 재인용할 경우에는 저작권 소유자로부터 허락을 얻어야 하고, 사용 허가서를 저작권 소유자에게 서면으로 받아 편집위원회에 제출한다. 그런 다음 이 사항을 본문의 해당 부분에 저작권 허가 각주로 기록한다(6.2 참조).

6.7 보충자료

웹 기반 온라인 보충자료는 바로 다운로드할 수 있기 때문에, 표준적인 종이 출판 형태로 쉽게 볼 수 없을 때 유용하다. 온라인 보충자료의 적절한 예는 다음과 같다. (a) 길이가 긴 컴퓨터 코드, (b) 수학이나 복잡한 컴퓨터 언어 계산 과정, (c) 음성이나 영상 자료, (d) 크기가 큰 표, (e) 세부적인 실험계획안, (f) 주요 또는 보충 데이터 세트, (g) 확장된 방법론 문단, (h) 컬러 그림. 이러한 보충자료는 관련 영역에서 유용하기 때문에, 자료를 웹에 올려놓고 출판한 논문과 연결시켜 놓는다. 이러한 파일은 (부록은 물론이고) 간행물 기록의 일부이기 때문에 임의로 추가, 수정 및 삭제를 할 수 없다.

온라인 보충자료는 폭 넓게 이용할 수 있는 파일 형태로 제출해야 한다. 다음 멀티미디어 형식은 사용자에게 널리 이용되는 서식이다.

> 예 본문- ASCII, Word, PDF, HTML
> 표- Excel, Word, HTML, XHTML, XML
> 음성 또는 동영상 자료- AVI, MPG, Quicktime, RM, MP3, WAV
> 만화- GIF, JPEG, Flash/ Shockwave
> 그림- GIF, JPEG, TIFF

Tex, LaTex, 클라이언트나 서버용 스크립팅(예: Java, CGI)과 같이 잘 사용하지 않는 파일이나 응용 프로그램도 이용은 가능하지만, 특별한 프로그램을 사용하지 못하는 독자에게는 어려울 수 있다. 실제로 많은 사용자들은 실행 파일을 다루기 힘들어하고, 컴퓨터 시스템에서 실행되지 않으면 쓰기를 꺼려한다.

APA 간행물의 경우는 출판 논문 온라인 보충자료를 링크할 때, 초기 화면에서 인용한 도서의 목록, 출판 논문의 링크, 각 보충자료의 링크를 볼 수 있다(예: www.apastyle.org). 보충자료는 출판 내용의 해석이 가능하도록 정보가 충분해야 한다. 대부분 간행물의 보충자료는 검토 후에 본 원고와 함께 제출해야 한다. 일단 제출하면 보충자료는 더 이상 수정 할 수 없다.

부록이나 보충자료는 독자의 이해와 평가를 돕거나 논의되는 연구나 이론적 논쟁과 일치할 때만 사용한다. 또한 보충자료는 저작권 규정을 준수

하고, 자료를 정확히 표현하고, 기밀을 유지하며, 참여자도 보호해야 한다
(예: 사람이 등장하는 동영상의 경우). 부록과 보충자료도 관련 윤리 규정
을 지켜야 한다.

▶ 주(註), 부록, 보충자료 점검표

체크		점검사항
예	아니오	
□	□	내용 각주를 읽지 않으면 본문의 내용을 파악하는데 지장이 있는가?
□	□	내용 각주에 복잡하고 불필요하고 논지에서 벗어난 것은 제외시켰는가?
□	□	내용 각주의 일련번호는 아라비아 숫자를 반 괄호로 묶었는가?
□	□	내용 각주의 길이는 적절한가?
□	□	저작권 허가 각주에 인용한 자료는 표나 그림 하단 선 바로 밑에 '주'라고 표시하고, 그 출처를 제시한 후 참고문헌 목록에 상세한 정보를 제공하였는가?
□	□	저자 주의 여타 내용은 위 첨자(*)를 하나씩 더하고(*, **) 제목이 들어간 면의 하단에 각주로 표시하였는가?
□	□	저자 주(註)에서 교신저자에 관한 내용은 별도로 정해져 있는가?
□	□	저자 주(註)에서 저자명은 연구 제목 바로 아래 줄에 쓰고, 다음 줄에 저자의 소속을 밝히고 있는가?
□	□	저자명은 진한 신명조체(글자크기 11포인트)로 기술하고, 저자명 아래에 한 줄을 띄웠는가?
□	□	저자의 소속 기관은 연구 당시의 소속을 밝히되 연구 당시와 현재 소속 기관이 달라졌으면, 해당 저자명에 위첨자로 '*' 표를 하고, 변경된 현재 소속기관을 논문 제목이 있는 첫 면 하단 각 주에 대괄호([ ])로 묶어 표시하였는가?

☐	☐	교신저자는 제목이 들어간 면의 하단 각 주에 "교신저자"라고 쓰고, 교신할 수 있는 연락처를 저자 주 맨 마지막에 썼는가?
☐	☐	공동 저자 이름 사이의 간격이 최소한 세 글자 이상인가?
☐	☐	저자명이 너무 많을 경우, 띄어쓰기의 칸을 줄여 공동 저자명을 표기하였는가?
☐	☐	연구비 지원이나 논문 수행에 도움을 받은 사실이 있는 경우, 하단 각주 첫 줄에 지원 사항을 밝혔는가?
☐	☐	특정 개념에 대해 논문 심사위원이 제시한 내용임을 밝혀야 할 경우, 그와 관련한 논문 내용 부분을 각주로 설명하였는가?
☐	☐	부록이 하나 이상일 경우, 부록 Ⅰ, 부록 Ⅱ, 부록 Ⅲ 등으로 구분하여 본문의 순서대로 제시하였는가?
☐	☐	부록의 내용·제목은 중고딕체를 써서 10포인트 크기로 가운데 정렬하고, 부록의 본문은 신명조 9포인트의 크기로 하였는가?
☐	☐	다른 저자의 검사지나 질문지를 그대로 재인용할 경우, 저작권 소유자의 허락을 얻었는가?

chapter 7

참고문헌

07

Publication Manual of
the Korean Psychological Association

참고문헌

1절; 본문에서 참고문헌 표기법

　논문 작성을 위해 다른 연구를 인용하거나 참고할 경우, 독자를 위해 본문에 인용 사항을 간단히 밝히고, 참고문헌 목록에 해당 문헌의 서지 사항을 제시한다. 본문에는 인용한 문헌의 저자명을 표시하고, 인용한 참고 자료의 출판연도를 표기한다. 독자는 이 방법으로 출처를 확인할 수 있고, 논문 뒷부분에 있는 참고문헌 목록에서 출처를 찾을 수 있다. 본문에 인용한 참고문헌은 반드시 참고문헌 목록에 있어야 하고, 마찬가지로 목록에 있으면 반드시 본문에도 인용해야 한다. 각 참고문헌은 두 곳에 있어야 하고, 본문 인용과 목록 내용은 저자명과 연도가 같아야 한다.

　그러나 다음 두 자료는 본문에서만 인용한다. 성경과 코란과 같은 고전 자료는 본문에서만 인용한다. 개인 서신의 참고문헌도 본문에서만 인용한다. 메타 분석은 그 내용을 본문에서 언급하지 않으면, 본문에 표기하지 않는다.

7.1 일반 문헌의 경우

간행물이나 편집된 저서에 실린 단일 문헌의 경우, 본문에는 저자와 연도만을 표기한다(예 1). 그러나 저서의 경우는 저자, 연도에 이어 쪽수를 표기한다(예 2).

> 예1 …라고 주장하였다(최성진, 신현정, 2009).
> 예2 …주장이 제기되었다(홍창희, 2002, pp. 80–85).

7.1.1 단독 저자의 연구를 하나만 인용하였을 경우의 표기: 국내 문헌의 경우, 저자명을 자료 출처에 표기된 그대로 성명과 출판연도를 본문에 기입한다. 국내 저자의 경우는 저자명이 논문 중에 나오면 저자의 성명을 쓰고 출판연도는 이름 옆에 괄호로 묶어서 쓴다. 외국 이름의 경우는 동양 저자라면 우리말식 음독을 쓰고 괄호 안에 원어로 표기한다. 예를 들면, 마오쩌뚱(毛澤東), 혼다(本田)식으로 표기한다. 동양 이름은 성명을 모두 쓰지만, 다섯 글자를 넘어갈 경우는 성만 쓴다. 서양 저자는 영어로 성만 표기하고, 동양 저자의 이름이라도 영문으로 표기된 연구를 인용했을 경우는 저자의 성만 표기한다.

> 예 최성진(2008)은 암묵기억이란 …
> Nosofsky(1998)의 연구는 변별민감도가 범주화와 재인에 차별적인 …
> 마오쩌뚱(毛澤東, 1977)은 …
> Mao(1977)는 …

(1) 인용 문헌을 괄호 안에 표기하기: 저자 이름이 본문 중에 나오지 않을 경우는 인용할 내용의 문장을 끝낸 후, 마침표를 찍기 전에 괄호 안에 완전한 저자명(단, 영문으로 표기할 경우 저자의 성(姓)만)과 쉼표(,) 그리고 출판연도를 쓴다.

예1 …결과가 나왔다(이재식, 2000).
예2 재인은 수행이 저조하였다(Squire, 1993).

(2) **문헌의 부분 인용:** 저자명을 본문 중에 언급하지 않고, 저자의 특정 자료 중 일부를 인용할 때는 인용한 특정 자료와 출판연도를 구분하기 위해 출판연도 뒤에 쉼표를 하고 자료 표시를 한다.

예1 …을 밝혀냈다(이진환, 서수균, 1998, 표 2 참조).
예2 …을 발견했다(Hashtroudi, Chrosniak & Schwartz, 1991, 표 3 참조).

(3) 본문 중에 저자명과 출판연도가 모두 기술된 경우, 출판연도를 괄호로 묶을 필요는 없다.

예 1908년 Freud는 …

(4) 한 단락에서 같은 연구가 반복 인용된 경우는 혼동을 일으키지 않는 한 같은 참고문헌의 출판연도를 반복해서 표기할 필요는 없다.

예 사물 자극을 사용한 연구에서 Zaki(2001)는 … 단일체계로 설명하였다.
   또한 Zaki는 …을 발견하였다.

7.1.2 여러 저자들이 수행한 연구를 인용했을 경우의 표기:

(1) 저자 두 명이 함께 수행한 연구를 본문에서 인용했을 때는 두 저자명을 '와(과)'로 연결하여 그 연구를 인용할 때마다 두 저자명을 모두 적는다(예 1). 그러나 본문 중에 저자명이 언급되지 않고 문장 끝의 괄호 안에 넣는 경우는 한국 문헌과 동양 문헌의 저자명을 쉼표로 구분하고, 서양 문헌의 경우는 '&'를 사용한다(예 2).

예1 김나연과 백용매(2010)는 …
   Nosofsky와 Zaki(1998)는 …

예2 …라고 주장하였다(김나연, 백용매, 1992; Knowlton & Squire, 1993).

(2) 셋 이상 여섯 명 미만의 저자가 함께 수행한 연구를 본문에 인용할 경우는 처음 인용할 때만 모든 연구자의 성명을 표시하되, 각 이름을 쉼표로 구분한다. 단, 서양 문헌의 경우, 마지막에 열거되는 저자명 앞에 '&'를 삽입한다. 두 번째 인용부터는 첫 번째 저자의 성명만을 적고, 그 뒤의 공동 저자명은 생략하여 '등'이나 '외'로 표시한 후 괄호 속에 출판연도를 적는다.

예 [첫 인용 때는 저자명을 모두 쓴다]
…을 분석한 연구에서는(박상미, 박준휘, 이진영, 2000) …
Colman, George, Holt & Conger(1977) 등은…

[같은 연구일 경우, 두 번째 인용할 때부터는 첫 저자명만 쓴다]
박상미 등(2000)의 연구 결과 …
Colman 등(1977)은 …

(3) 여섯 명 이상 공동 저자의 문헌을 인용할 경우는 처음 인용 때부터 모든 저자의 이름을 표기하지 않고 첫 저자명만 쓰는데, 첫 저자명 다음에 '등'이나 '외'라고 쓴 후, 출판연도를 괄호로 묶어 표기한다. 다만, 여섯 명 이상의 연구에 첫 번째 저자명이 동일한 다른 문헌이 인용되어 이들이 서로 다른 문헌임을 구분해야 할 경우는 두 문헌을 구별하는 데 필요한 만큼까지 뒤에 따르는 저자명을 한두 명 더 기입하고, 저자명 사이에는 쉼표를 한 다음, 뒤에 '등'이나 '외'를 붙이고 출판연도를 괄호 속에 표기한다. 단, 저자명이 괄호 안에 들어갈 경우, 국내를 포함하여 동양의 저자명은 쉼표(,)로 구분하고, 서양 저자의 경우는 쉼표로 구분하거나 et al.를 쓴다.

예 박준휘, 박상미 등(2005)이 주장한 것처럼 …
최근의 연구(정영주, 정지영 외, 2000)에서 입증된 것처럼 …

Reed 등(1999)의 연구에 의하면 …

최근의 연구(Reed et al., 2011)에 의하면 …

7.1.3 동명 저자의 복수 연구물의 경우: 동명 저자의 서로 다른 연구를 본문에 포함할 경우는 저자명 뒤에 출판연도로 별개의 연구임을 구분한다. 서양 문헌의 경우는 저자의 성(姓)만을 표기하기 때문에, 비록 출판연도가 다르더라도 혼동이 일어날 수가 있으므로 이런 불필요한 혼동을 피하기 위해 본문에 인용할 때는 저자의 성(姓) 앞에 이름의 머리글자를 기입할 수 있다.

예 정홍선(2005)과 정홍선(2006)은 …

정홍선 등(2005)과 정홍선 등(2006)의 연구에서 …

P. A. Carlson(1997)과 C. B. Carlson(1996)의 연구에서 …

P. H. Carlson 등(1998)과 C. B. Carlson(1996)의 연구에서 …

7.1.4 저자가 기관이나 단체인 경우: 본문 중에 저자명 없이 기관이나 단체의 연구를 인용했을 때는 기관명을 저자명으로 하고, 전체 기관명을 밝힌다. 보통은 인용할 때마다 기관이나 단체명을 밝히지만, 축약해서 표기해도 누구나 알 수 있을 때는 본문에 처음 인용할 때만 전체 기관명이나 단체명을 표기하고, 이후부터는 축약어로 표기해도 좋다. 기관명이 짧거나 약자로 썼을 때 이해가 어렵다면 매번 전체 기관명을 적는 것이 바람직하다. 대학명이나 대학 내 연구소의 경우는 축약어를 쓰지 않고, 본문에 인용할 때마다 전체 기관명이나 단체명을 쓰는 것이 바람직하다. 다만, 외국 기관의 경우, 기관이나 단체명이 너무 길고 거추장스러워 오히려 축약어가 친숙하고 이해하기 쉽다면 두 번째 인용부터는 약자를 사용할 수 있다. 기관명이나 단체명을 축약어로 써도 좋을 것인지의 판단 근거는 참고문헌 목록에서 어려움 없이 해당 자료를 찾을 수 있도록 제시한다는 일반 원칙을 따른다. 다만, 참고문헌 목록에 제시할 때는 전체 기관명을 쓰고, 기관명을

저자명 목록 사이에 제시한다(7.5.3 참조).

본문에 기관이나 단체에서 실시한 연구를 인용할 때는 기관명을 저자명과 같이 취급하여 전체 기관명을 쓰고 쉼표(,)를 찍어 출판연도와 구분하여 쓴다. 괄호 안에 제시할 때는 기관명 다음에 쉼표를 하고 출판연도를 제시한다.

> 예1 [본문에서 처음 인용할 때]
> 최근 연구(한국과학기술연구원, 2011)에 의하면 …
> 외국의 연구(National Institute of Mental Health, 2010) 결과는 …
> 예2 [두 번째 인용부터 축약어를 사용할 때]
> 과기원(2011)의 연구 결과 …
> NIMH의 연구(2010) 결과에 의하면 …
> 한국 연구(과기원, 2011)와 외국 연구(NIMH, 2010)의 결과를 …

7.1.5 저자가 없거나 익명인 경우: 연구자가 없는 연구를 인용할 경우는 저자명 대신 연구를 지칭할 수 있는 두 세 단어(보통은 제목의 시작부분)를 저자명으로 쓴다.

(1) 본문에 표기할 때는 연구를 지칭하는 두 세 단어를 묶어 큰따옴표를 하고 뒤에 출판연도를 쓴다. '익명'(영문의 경우에 'anonymous')이라는 표시는 다음 예시와 같이 한다. 참고문헌 목록에 제시할 때의 순서는 본문에서 인용한 연구 제목 두 세 단어를 저자명과 같이 취급하여 그에 해당하는 위치에 쓴다(7.5.4. 참조).

> 예 "청소년기의 반항"(익명, 1997)에서 …
> "Senior Citizens"(anonymous, 1997)에서는
> …라고 해석하였다("아동의 언어는"(익명), 1998)
> …라는 주장("Study Finds"(anonymous), 1982)을 하면서 …

(2) 판례나 법령과 같은 법률 자료도 저자가 없는 인용과 마찬가지로 법

령의 이름이나 판례의 표기방식에 따라 표기하고 연도를 기록한다.

예 남녀고용평등법시행령(대통령령 제 16189호, 1999)에서 …

7.1.6 개인 서신: 개인 서신은 편지나 메모, 전화, 전자우편이나 전자 매체를 통한 대화가 인용의 출처일 경우를 말한다. 개인 서신은 재사용할 수 있는 자료가 아니기 때문에 본문에만 인용하고 참고문헌 목록에는 포함시키지 않는다. 이러한 출처는 개인 서신을 쓴 사람의 성명(영어 표기의 경우 이름의 머리글자와 성)과 날짜를 예시와 같이 기록한다. 단, 전자매체로부터 얻은 정보같이 재생 가능한 정보의 출처는 참고문헌 목록에 제시한다.

예 …하였다(표현정, 2004. 4. 1. 개인 서신).
 …주장이다(Weisman, 1993. 4. 18. personal communication).

7.1.7 고전 자료: 참고문헌 목록을 기재 할 때는 고대 그리스, 로마 시대의 작품이나 종교 작품은 할 필요가 없다. 본문에 처음 인용할 때는 사용한 번역판의 내용만 확인하면 된다. 고전 작품의 일부를 인용할 때는 편집한 출판물과 관계없이 분류 되어 있는 내용대로 쓴다. 특정 부분을 인용할 때는 페이지 번호를 사용할 필요 없이 다음과 같이 한다.

예 고린도전서 13장 1절

7.2 재인용, 번역서 및 부분인용

7.2.1 재인용: 재인용은 다른 연구의 인용 방법과 같으나 본문에 인용할 때는 원전(저자명과 출판연도)과 재인용한 자료의 출처를 예시 1과 같이 한다. 저자명을 본문 중에 제시할 경우는 원전의 출판연도 뒤에 콜론을 한 후, 재인용 출처의 저자명과 자료의 출판연도를 적고, 출판연도에 이어 "…

에서 재인용"이라고 표기한다(예시 2). 그리고 괄호 안에 원전 저자명과 출판연도가 기입되었을 경우는 원전 저자명과 출판연도는 쉼표로 구분하고, 원전 출판연도 뒤에 콜론으로 재인용 연구의 저자명과 구분한다(예시 3). 이를 참고문헌 목록에 제시할 때는 재인용 문헌만을 표기하면 된다.

예1 정영숙(2000: 김비아, 2005에서 재인용)은 …
예2 …을 제시하였다(Hoving, 1979: 김경애, 1991에서 재인용).
예3 …라는 주장이 제기되었다(Mishra, 1951: Triandis, 1989에서 재인용).

7.2.2 번역서의 경우: 원전의 저자명을 적고 쉼표를 한 후, 원전의 출판연도와 번역서의 출판연도를 빗금(/)으로 구분하여 나란히 쓴다. 번역서를 참고문헌에 제시하는 요령은 참고문헌 절을 참조하여 작성한다.

예1 실존심리치료에 대하여 Yalom(1981/2001)은 …
예2 …라고 하였다(Laplace, 1814/1951).

7.2.3 문헌의 특정 부분을 직접 인용한 경우: 다른 문헌의 특정 부분을 그대로 삽입할 때는 인용한 내용이 들어가 있는 인용 출처의 쪽수나 장(章)을 표시한다. 장(章)은 '장'(혹은 'chap.')으로 표기하고, 쪽수는 아래 예와 같이 소문자 p.로 하고, 여러 쪽에 걸친 경우에는 pp.로 표기한다. 학술지의 권수(volume)는 축약어 Vol.로 쓰고 권수는 아라비아 숫자로 표기한다(즉, Vol. Ⅲ이 아니라 Vol. 3으로 한다). 다만, 원전의 제목 속에 로마 숫자가 사용된 경우는 로마 숫자를 그대로 사용한다.

예 (이루리, 1991, 3장)
(홍영미, 1970, 21쪽)
(한국심리학회지: 여성, Vol. 13, pp. 108-121)
(Shimamura, 1989, chap. 3)
(Cheek & Buss, 1981, p. 332)

7.3 한 괄호 안에 두 편 이상의 연구를 인용했을 경우의 표기 순서

7.3.1 동일 저자의 연구: 동일인의 연구가 두 편 이상 인용되었을 때는 출판연도 순으로(인쇄중인 것은 맨 끝에) 오래된 것부터 배열한다. 이 때 저자명은 한 번만 기입하고 출판연도만 쓰면 된다. 출판연도까지 동일할 경우, 가나다 순서로(영문의 경우는 알파벳 순서) 출판연도 뒤에 소문자 a, b, c로 구분하여 제시한다. 그리고 참고문헌 목록도 같은 요령으로 쓴다.

　　예1 선행 연구들(나영대, 김승기, 1992, 2011, 인쇄중)에서 …
　　예2 선행 연구들(Hill & Cochran, 1996, 2011, in press)에서 …
　　예3 최근 연구(이민규, 2010a, 2010b)에서는…

7.3.2 동일인이 아닌 경우: 한 괄호 안에 여러 저자의 연구가 두 개 이상 표기될 때는 저자명의 가나다 순(영문은 알파벳 순)으로 쓰고 연구와 연구 사이에는 세미콜론(;)을 찍어 연구를 구분한다. 단, 다른 연구에도 포함되어 있으나 한 연구에서 주로 인용하였고, 이러한 사실을 나타내고자 할 경우는 맨 앞에 주된 문헌을 인용하고 "또한"이란 용어로 부수적인 문헌을 표시한다. 이때도 "또한"으로 제시된 연구들은 가나다(영문은 알파벳) 순으로 배열한다.

　　예1 여러 연구(손정락, 1998a, 1998b; 홍대식, 1999)에서는 …
　　예2 여러 연구자(Dorow & O'Neil, 1979; Mullaney, 1978; Talpers, 1981)들은 …
　　예3 …라고 주장하였다(Overmier, 1993; 또한 Abeles, 1992; Storandt, 1990).

7.3.3 국내와 동서양 문헌이 모두 포함될 경우: 국내 문헌, 동양 문헌(국가명의 알파벳 순서), 서양 문헌의 저자순으로 나열한다.

　　예 여러 연구들(최상진, 2000; 蒼井優, 1994; Schwartz, 1991; Triandis, 1995)

등에서 …

2절; 참고문헌 목록

참고문헌 목록은 본문이 끝난 뒤 두 줄을 띄어 제시하고, 각 자료를 찾는 데 필요한 정보를 제공한다. 논문의 저자는 신중하게 참고 자료를 선택하여 본문에 실제 인용한 자료의 서지사항을 정확하게 제공한다. 서지 목록에는 연구에 참고한 배경 문헌이나 관련 분야의 연구를 폭넓게 제시하지만, 참고문헌 목록에는 연구에 실제로 참고한 연구만을 제시한다는 점에서 구별이 된다. 참고문헌 목록은 논문을 인용하거나 다시 찾을 수 있는 자료를 제공하는 경우에만 사용하기 때문에 편지, 메모 내용이나 비공식적인 전자 서신과 같은 개인 서신은 참고문헌 목록에 포함시키지 않는다. 대신 본문에다 개인 서신을 인용한다. 모든 한국심리학회의 출판논문은 서지 목록이 아닌 참고문헌을 포함하는 것을 원칙으로 한다.

7.4 참고문헌 목록의 구성

다른 연구자들의 연구에 도움을 준다는 면에서 참고문헌은 본문만큼이나 중요한 역할을 한다. 그러므로 본문에 인용한 참고 자료는 반드시 출처를 확인한 후, 참고문헌 목록에 제시해야 한다. 저자는 본문에 인용한 자료와 참고문헌에 기록한 자료가 일치하는지를 원전과 철저히 대조하여 정확하게 기록해야 한다.

참고문헌을 제시하는 목적은 독자가 출처를 찾아 이용할 수 있도록 하기 위함이다. 따라서 독자가 저자, 출판연도, 제목, 출판지와 출판사에 대한 정보를 이용하여 도서관이나 자료 검색으로 원전을 쉽게 찾을 수 있도록 정보가 정확하게 제공되어야 한다. 특히, 외국어의 경우 철자에 주의하고, 학술지의 제목, 연도, 권수, 페이지가 정확히 기재되었는지를 확인한다. 참고문헌에 포함된 모든 정보에 대한 책임은 집필자에게 있다. 정확하게 준비한 참고문헌은 신중한 연구자로서 신용을 얻는데 도움을 준다.

참고문헌의 제시 순서는 표기 언어를 기준으로 한국어 출판물을 먼저 제시하고, 다음에 외국 출판물을 제시한다. 외국 출판물의 경우, 동양 문헌 다음에 서양 문헌 순으로 제시한다. 동양 문헌의 제시 순서는 해당 국가명을 영어로 표기했을 때의 알파벳 순서를 따른다. 예를 들면 국내 문헌, 중국 문헌(China), 일본 문헌(Japan) 그리고 서양 문헌의 순서가 되는 것이다. 각 언어 내에서의 참고문헌 제시 순서는 저자명을 기준으로 해당 언어의 표기법을 따른다.

참고문헌 목록에는 제일 먼저 저자명을 적고 한 칸 띄운 다음, 괄호 안에 출판연도를 쓴 후 마침표를 한다. 저서의 경우는 한 칸을 띄운 다음 저서명(중고딕체, 영문은 이탤릭체)을 적고 마침표를 한 후, 출판 장소와 출판사를 콜론(:)으로 구분하여 적는다(예 1). 학술지 논문의 경우는 저자명과 출판연도, 연구 제목, 학술지명, 게재권(호), 쪽수를 적는다. 글자체는 본문처럼 신명조체로 하고, 학술지명과 게재권의 번호(호수 제외)만 책이름으로 취급하여 중고딕체(영문은 이탤릭체)로 표기한다(예 2). 참고문헌을 적을 때 한 참고문헌이 두 줄 이상 되는 경우는 두 번째 줄부터는 네 칸 들여쓰기를 한다.

예1 최윤미 (1997). **심리극**. 서울: 중앙적성출판사.
　　Schutz, W. C. (1971). *Here comes everybody*. NY: Harper & Row.

예2 최성진, 신현정, 이재식 (2009). 노화와 경도인지기능장애가 작업기억과 재인기억에 미치는 효과: 운전 능력에 대한 함의. 한국심리학회지: **실험**, **21**(4), 355–375.

Kelly, G. R. (1977). Training mental health professionals through psychodramatic techniques. *Group Psychotherapy, Psychodrama & Sociometry, 30*, 60-69.

7.4.1 약어: 책이나 다른 기타 출판물에서 쓸 수 있는 참고문헌 목록의 약자는 다음과 같다.

Abbreviation	Book or publication part
ed.	Edition
Rev. ed.	Revised edition
2nd ed.	Second edition
Ed. (Eds.)	Editor (Editors)
Trans.	Translator(s)
n. d.	no date
p. (pp.)	page (pages)
Vol.	Volume (as in Vol. 4)
Vols.	Volumes (as in Vols. 1-4)
No.	Number
Pt.	Part
Tech. Rep.	Technical Report
Suppl.	Supplement

7.4.2 아라비아 숫자: 대부분 서적이나 간행물의 권수를 표시할 경우, 번호는 로마 숫자로 표기하지만, APA 간행물은 아라비아 숫자로 표기한다(예: Vol. III이 아니라 Vol. 3으로 쓴다). 왜냐하면 아라비아 숫자가 공간을 덜 차지하고 로마 숫자보다 이해하기 쉽기 때문이다. 로마 숫자가 제목의 일부일 때는 로마 숫자로 표기한다(예: Attention and Performance XIII).

7.4.3 일관성: 일관성은 데이터베이스 탐색기가 만드는 자동 색인처럼

자료를 색인화하는 기술을 발전시킨다는 점에서 참고문헌 양식에서 중요하다. 이러한 컴퓨터 프로그램은 원자료나 참고문헌 목록에서 자료를 얻기 위해 컴퓨터 알고리즘을 사용한다. 만약 참고문헌의 구성 요소가 규칙에 어긋나거나 불완전할 때는 컴퓨터 알고리즘은 구성 요소를 제대로 인식하지 못한다. 이것을 염두에 두면서 자료 배치를 해야 한다.

7.5 저자명

7.5.1 저자명의 표기와 일반적인 제시 순서: 국내 문헌은 완전한 성명(姓名)으로 저자명을 적는데 성과 이름은 띄어 쓰지 않는다(외자 이름도 마찬가지). 외국 문헌의 경우, 동양 문헌은 원어 그대로 표기하고, 서양 문헌은 연구자의 성을 적고 쉼표를 한 다음, 이름은 첫 글자만 대문자로 적고 생략 표시의 마침표를 찍는다.

국내 문헌은 첫 저자 성(姓)의 가나다 순서대로 참고문헌을 제시한다(예 1). 저자명 글자 하나하나의 가나다 자음 순서에 따라 순서를 매기고 같은 자음일 경우, 모음 순서를 비교한다. 모음도 같을 경우는 받침의 자음, 그리고 그 다음 글자를 비교하여 국어사전에 항목이 제시되는 것과 같은 순서를 따른다. 다만 글자가 먼저 끝나는 경우는 아무 것도 없는 것으로 여겨 글자가 계속 되는 것보다 앞에 둔다. 영어 문헌의 경우, 첫 저자 성(姓)의 알파벳 순서대로 제시하는데 저자명에 포함된 글자 하나하나의 알파벳 순서를 비교하여 순서를 매긴다(예 2).

예1 김순 (1997). …
   김순일 (1992). …
   정채영, 김상식 (1990). …
   정채영, 김상식, 안혜진 (1982). …
   정채영, 안혜진 (1981). …

예2 Brown, J. R. (1993). …

   Brown, P. S. (1989). …

   Browning, A. R. (1999). …

7.5.2 맨 앞에 제시되는 저자명이 같은 경우:

(1) 동일한 저자명의 서로 다른 연구는 단독 연구이건 공동 연구이건 출판연도 순으로 출판연도가 빠른 것을 앞에 놓고, 그리고 최근에 가까울수록 뒤에 (인쇄 중인 것은 맨 끝에) 배열한다(예 1). 단, 맨 앞 저자의 단독 연구와 공동 연구가 모두 참고문헌 목록에 포함될 경우, 단독 연구가 연구자 성명이 짧기 때문에 공동 연구보다 앞에 배열한다(예 2).

예1 Kaufman, J. R., & Jones, K. (1977). …

   Kaufman, J. R., & Jones, K. (1980). …

예2 홍길동 (1991). …

   홍길동, 심순애 (1990). …

(2) 맨 앞에 제시되는 저자명이 동일할 경우, 다음 저자 성명의 가나다 순(영문은 이름의 머리글자의 알파벳 순)으로 제시하되 공동 저자수가 적은 것을 앞에 둔다.

예1 정채영 (1989). …

   정채영, 심구영 (1979). …

   정채영, 심구영, 홍길동 (1987). …

예2 Kaufman, J. R. (1991). …

   Kaufman, J. R., & Cochran, D. F. (1991). …

   Kaufman, J. R., & Wallston, J. M. (1983). …

(3) 출판연도까지 동일한 저자의 연구는 제목의 가나다(영어는 알파벳) 순으로 배열한다. 단, A나 The와 같은 관사는 제외시키고 제목의 알파벳을 비교한다(예 1, 예 2). 그러나 동일 저자가 같은 연도에 시리즈로 출판

한 것일 경우(이를테면 1부, 2부 등으로), 제목의 가나다(알파벳) 순서가 아닌 시리즈 순서에 따라 출판연도 뒤에 소문자 a, b, c 등을 표기하고 시리즈 순서대로 제시한다(예 3).

예1 정채영 (1989a). 아동의 …
　　 정채영 (1989b). 유아놀이 분석 …
예2 Kaufman, J. R. (1980a). Control …
　　 Kaufman, J. R. (1980b). Roles of …
예3 김길동 (2000a). 사회공포증. 이상심리학시리즈 I …
　　 김길동 (2000b). 강박장애. 이상심리학시리즈 II …

7.5.3 단체나 기관명의 연구: 연구 단체나 기관명의 가나다(영문은 알파벳) 순으로 배열하되 기관이나 단체의 전체 이름을 쓴다. 단, A나 The와 같은 관사는 제외시키고 명칭의 가나다 순으로 비교한다. 본문에서는 거듭 언급될 때 누구나 쉽게 알아볼 수 있는 기관명이나 단체명은 편의상 축약해서 쓰기도 하나, 참고문헌 목록에는 전체 기관명을 쓴다. 예를 들면, '과기원'으로 쓰지 않고 '한국과학기술원'으로 쓰고, 'APA'가 아닌 'American Psychological Association'으로 한다. 대학의 경우도 '외대'가 아닌 '한국외국어대학교', 외국 대학의 경우도 'UM, Dept. of Psych'이 아닌 'University of Michigan, Department of Psychology'로 전체 기관명을 적는다.

예 한국심리학회 (1996). **한국심리학회 50년사**. 서울: 교육과학사.

7.5.4 익명의 연구나 저자가 없는 연구: 본문에서 인용한 연구 제목의 두 세 단어를 저자명과 같이 취급하여 그에 해당하는 가나다 순서(영문은 알파벳 순)로 제시한다. 그리고 괄호 안에 익명(영문은 Anonymous)이라고 표기한 후 쉼표(,)를 찍고, 출판연도를 적는다. 저자가 없는 경우도 연구 제목을 저자명으로 취급하여 가나다 순(영문은 알파벳)으로 제시한다.

예 아동의 언어는 (익명, 1968). **초기 발성**. 33–42, 서울: 샘터.

청소년기의 반항 (익명, 1997). **청소년**. 113–114, 서울: 청구사.

Senior Citizens (Anonymous, 1997), *Human Development*, NJ: Basic Books.

7.5.5 메타분석에 포함된 참고문헌: 메타분석에 사용한 자료는 따로 구분하지 않고 참고문헌 목록에 통합하여 제시하되, 저자명 앞에 위첨자로 '*'를 붙인다. 그리고 '참고문헌 앞에 *표가 있는 것은 메타분석에 포함된 참고문헌임.'이라고 참고문헌 제목의 주로 처리하여 표기한다. 그러나 하나의 문헌 안에서 메타분석 자료를 선택하였을 경우는 위첨자의 별(*)표를 하지 않는다.

예 *표가 있는 것은 메타분석을 포함한 참고문헌임.

*Bretschneider, J. G., & McCoy, N. L. (1968). Sexual Interest and behavior in healthy 80– to 102–year–olds. *Archives of Sexual Behavior, 14*, 343–350.

7.6 출판연도

참고문헌 목록에 출판연도는 연구가 출판 간행된 연도를 저자명 바로 다음에 한 칸을 띄우고 괄호를 쓰고, 괄호 뒤에는 마침표(.)를 찍는다.

(1) 미출판 된 연구가 인쇄 중일 경우는 출판연도 자리인 괄호 안에 '인쇄중'이라고 표기하고, 해당 저자의 맨 마지막 연구로 취급한다.

예 홍길동 (인쇄중). **아동발달**. 서울: 청구사.

Auerbach, J. S. (in press). The origins of narcissism and narcissistic per-sonality disorder: A theoretical and empirical reformulation. In J. M. Masling & R F. Bornstein (Eds.),

Empirical studies of psychoanalytic perspectives on psychopathology. Washington, DC: American Psychological Association.

(2) 현재 심사 중이어서 출판이 확실치 않은 경우는 괄호 안에 출판연도 대신 심사 중인 연도를 적고 제목의 뒤에 '심사중'이라고 표기한다.

예 김두수 (2011). 충동성이 쇼핑중독에 미치는 영향. 심사중.

(3) 학술대회 등의 발표 자료용으로 만들어졌으나 출판되지 않았을 경우 는 학술발표 년, 월, 일을 기입하고 미간행임을 표기한다.

예 이긴우 (2000). 대중가요의 김얼과 세대길등. 세기밀의 힙힙 문화글 중심으로. **대중문화의 시대.** 심포지움 발표논문. 3월 8일. 서울: 세종문화회관. 미간행.

(4) 일간지가 아니고 권수로 표기하는 정기 간행물은 출판연도를 괄호 안에 적고, 정기 간행물명 뒤에 권수를 쓰며, 권수로 표기하지 않는 정기 간행물은 발행물의 표시법을 그대로 따른다. 예를 들면, (1997, 가을) 혹 은 (1998, April)식으로 적는다.

예 공선옥 (1997, 가을). 내 생의 알리바이. **창작과 비평.** 82-137.
한덕웅 (1999). 사회비교의 목표와 성공/실패 경험에 따른 비교 대상의 선택. 한국심리학회지: **사회 및 성격.** 13(2), 311-329.

7.7 원전의 서지 사항

동양과 국내의 학술지명이나 저서명은 중고딕체로 서양 문헌은 이탤릭체 로 표기한다. 영문 제목이나 부제는 시작 단어의 첫 알파벳만을 대문자로 쓴다. 참고 자료가 책과 같은 통상적인 출처에서 나오지 않았을 경우는 이 러한 내용을 제목 옆에 바로 대괄호([ ])를 한다. 예를 들면 [Letter to the editor], [CD-ROM], [Brochure], [Film], [On-Line], [Computer software] 등으로 표시한다.

7.7.1 정기 간행물: 학술지, 잡지, 학술 뉴스레터 등의 정기 간행물은 연구자명과 출판연도 뒤에 연구 제목을 쓰고, 마침표로 연구의 제목이 끝났음을 표시한다. 다음에는 그 연구가 실린 정기 간행물명과 권수를 쉼표로 구분하여 표기하고, 괄호 안에 호수를 적은 다음, 쉼표 그리고 쪽수를 기재하고 마침표를 찍는다.

(1) 정기 간행물은 간행물의 전체 이름과 권수를 중고딕체로 적고, 본문 인용 때의 표기 방식과는 달리, 권수 앞에 'Vol.'이란 글씨를 쓰지 않고 아라비아 숫자로 권수를 적는다. 그리고 권수 번호에 이어 괄호 안에 호수를 적고, 쪽수를 아라비아 숫자로 표시한다. 이때는 본문에서의 인용과는 달리, 쪽수를 표시하는 기호(p. 혹은 pp.)를 표기하지 않는다.

예 최윤미 (1994). 전화 상담의 실제. **청소년상담**, 8, 261-299.

홍길동, 김복동 (2000). 자기 감시와 사용 상황이 소비자 만족에 미치는 영향. 한국심리학회지: **소비자 · 광고**, 1(1), 1-24.

Brown, L. S. (1993, Spring). Antidomination training as a central component of diversity in clinical psychology education. *The Clinical Psychologist, 46*, 82-87.

Tara, M. N., Vincent, J. A., & Suh, K. H. (2000). Predictors of alcohol consumption. *Korean Journal of Health Psychology, 3*(1), 1-9.

(2) **대학의 논문집**: 학생생활연구소의 학술지나 대학의 논문집 같은 경우는 '학생생활연구'나 '대학생활연구', '사회과학논집'과 같이 대부분의 대학의 기관지명이 유사하다. 따라서 이러한 기관의 정기 간행물은 정기 간행물명과 권(호)수, 쪽수에 바로 이어 발행 기관을 명시한다. 발행 기관인 대학명과 대학 내 연구소(혹은 대학)명의 표기는 기관과 연구소 사이만 한 칸 띄어쓰기를 하여 구분하고 기관명과 연구소명은 모두 붙여 쓴다.

예 심순애 (1989). 지역감정 문제의 본질: 실상과 허상. **사회과학연구**, 5, 187–205. 경북대학교 사회과학대학 논문집.

장석란 (1999). 집단 훈련 프로그램의 효과. **학생생활연구**, 19, 78–89. 강원 대학교 학생생활연구소.

(3) **신문 기사를 인용했을 경우:** 사설이나 일반 기자가 쓴 기사는 신문명 을 저자명으로 하고, 발행일자의 연, 월, 일을 괄호로 묶어 쓰며, 기사의 제목과 게재면을 표시한다(예 1). 기사가 여러 면에 걸쳐 나뉘어 실린 경 우는 관련 기사가 실린 해당 면을 모두 쓴다. 신문에서 인용한 내용이 소 속 기자나 편집자가 쓴 것이 아니라 독자나 특정인의 기고라면, 이 기고자 의 이름을 저자로 해서 일반학술지에 실린 문헌과 같은 방식으로 기재한다 (예 2와 3). 익명의 기고일 경우는 기사의 제목 두 세 단어로 기사 작성자 명을 대신한다.

예1 중앙일보 (1997. 7. 29). 심장발작에 의한 사망률을 낮추는 신약개발. 4면.

예2 이시형 (2001. 3. 12). 대통령의 말실수. **조선일보**, 6면.

예3 Schwartz, J. (1993. 9. 30). Obesity affects economic, social status. *The Washington Post*, pp. A1, A4.

(4) 잡지 같은 정기 간행물은 일간지와 같은 요령으로 표기하되, 출판연 도 자리에 발행 연, 월(간행물의 발행일 표기법대로)을 적는다. 그리고 간 행물 명 다음에 권(호)수와 페이지를 표시한다. 독자 기고의 경우는 정기 간행물 명 뒤에 기고자의 지위를 '독자 기고'로 표시하고 정기 간행물 이름 사이에 쉼표를 찍어 구분한다. 이어서 기사가 인쇄된 면의 쪽수를 표시하 고 마침표를 찍는다. 다만, 권(호)수로 표시하지 않는 정기 간행물은 그 간 행물의 발행 표시법을 그대로 따른다.

예 공선옥 (1997. 가을). 내 생의 알리바이. **창작과 비평**, 82–137.

한규석 (1997. 6월). 김현철 사건을 통해 본 한국사회. WIN, 96–98. **중앙일**

　　　보사.

　　The new health-care lexicon (1993. August/September). *Copy Editor*, 4, 1-2.

7.7.2 저서를 포함한 비정기 간행물:

(1) 책이나 보고서, 학위논문, 안내서, 요강(要綱), 시청각 매체 등을 포함한 정기 간행물이 아닌 자료는 저자명과 출판연도 다음에 저작물의 제목을 중고딕체(외국어는 이탤릭체)로 적고 마침표를 한 후, 출판지와 출판사를 콜론(:)으로 구분하여 적은 다음 마침표를 찍는다.

　　예　최상진 (2000). **한국인 심리학**. 서울: 중앙대학교 출판부.

　　　　Cone, J. D., & Foster, S. L. (1993). *Dissertations and theses from start to finish: Psychology and related fields*. Washington, DC: American Psychological Associations.

(2) 논문 하나가 단행본으로 묶여진 긴 논문의 경우, 저자명 뒤에 괄호로 발행 연도를 적고, 논문 제목과 논문집명, 권(호), 전 권이 아닌 경우는 쪽수(연속간행물인 경우는 일련번호)를 적는다.

　　예　Harris, P. L., & Kavanaugh, R. D. (1993). Young children's understanding of pretense. *Monographs of the Society for Research in Child Development*, *58*(1, Serial No. 231).

(3) 학위 논문은 저자명 뒤에 괄호로 출판연도를 찍고 마침표를 한다. 이어서 중고딕체(영문은 이탤릭체)로 논문 제목을 적고 다시 신명조체로 학위수여대학과 학위명을 적는다. 국내를 포함한 동양의 대학은 학위수여대학을 먼저 적고 학위명을 적지만, 서양 대학의 경우는 먼저 학위명을 적은 후 쉼표를 하고 학위수여 대학을 적는다. 국내 대학의 경우는 대학명만 적으면 되지만 외국 대학의 경우는 국가명(미국은 주명을 포함)을 표기한다.

　　예　심순애 (1994). **관계절 문장의 명제적 표상**. 서울대학교 일반대학원 석사학위

논문.

Ross, D. F. (1990). *Unconscious transference and mistaken identity:When a witness misidentifies a familiar but innocent person from a lineup.* Doctoral Dissertation. University of Missouri, Columbia, USA.

(4) 정기나 비정기적으로 개최되는 학술 발표회에서 발표된 논문의 경우는 저자명 바로 뒤에 발표된 연도를 괄호로 묶어 제시하고 마침표를 찍는다. 이어서 연구 제목을 적고 마침표를 한 후 중고딕체(영문은 이탤릭체)로 게재된 간행물 명을 적고 신명조체로 면수, 발표 일자 및 장소를 적는다.

예 최상진 (1999). 문화심리학. 그 딩위싱. 이론직 배경. 과세 빛 선방. **한국심리학회 하계심포지움 "문화와 심리학"**, 1–20, 8월 20일. 서울: 연세대학교 제2 인문관.

정진경 (1999). 남북한간 심리적 화합의 준비작업: 문화이해. **한국심리학회 연차학술대회 발표초록집**, 222–224, 8월 20–21일. 서울: 연세대학교 제2 인문관.

(5) **미간행 발표 자료:** 간행물로 간행되지는 않았으나 공개적으로 발표된 자료나 연구일 경우는 연구자명 바로 뒤에 괄호로 묶어 발표 연도를 적는다. 그리고 발표 제목을 적고 마침표를 한 후 개최 기관과 학술 대회명(중고딕체, 영문은 이탤릭체), 발표 일자, 지역 및 발표 장소를 명기한다(예 1). 좌장이 있고 여러 공동 발표자의 발표 자료라면 좌장의 이름을 적고 괄호 안에 '좌장'임을 명기 한 후 학술 발표회 제목을 적는다. 그리고 개최 기관과 장소를 쓴다(예 2).

예1 남기덕 (1999). 사회 및 성격심리학회 편집위원회 결산보고. **사회 및 성격심리학회 연차 총회**, 10월 2일. 서울: 육군사관학교 홍무관.

최윤미 (1995). 문제해결중심적 전화상담. **청소년 대화의 광장 전화상담콜로키움**, 10월 15일. 서울: 청소년대화의 광장.

예2 Lichstein, K. L., Hohnson, R. S., Womack, T. D., Dean, J. E., & Childers,

C. K. (1990, June). Relaxation therapy for polypharmacy use in eld-
erly insomniacs and noninsomniacs. In T. L. Rosenthal (Chair),
Reducing medication in geriatric populations. Symposium conducted
at the meeting of the First International Congress of Behavioral
Medicine, Uppsala, Sweden.

7.7.3 편집서나 저서에 포함된 단일 논문의 인용: 단행본으로 발간된 서
적에 포함된 문헌을 인용했을 경우는 인용한 장(章)의 저자명 다음에 출판연
도를 괄호 안에 적고 마침표를 한 후에 장의 제목을 적는다. 그리고 전체 책
을 엮은 편집자의 성명을 적고 한 칸 띄운 다음, 괄호 안에 편집일 경우 '편',
저서일 경우 '저'(영어는 편집자명 앞에 'In'을 넣는다. 괄호 안에는 Ed./편집
자가 복수일 경우 Eds.)라고 표시한 후 책의 제목을 중고딕체(영어는 이탤릭
체)로 적는다. 그리고 저서명에 이어 괄호 안에 해당 쪽수를 pp.로 표시한다
(예 1). 단, 영문서적의 경우는 편집자명 앞에 'In'을 삽입한다. 괄호로 묶은
쪽수 다음에는 마침표를 찍고 출판 장소와 출판사명을 적고 마침표를 한다
(예 2).

> 예1 안신호 (1997). 직장인이 추구하는 삶의 의미. 김명언과 박영석 (편). **한국기**
> **업문화의 이해** (pp. 388–440). 서울: 오름.
> 예2 Yalom, I. V. (1994). Momma and the meaning of life. In B. Yalom (Ed.),
> *Yalom readers* (pp. 155–200). NJ: Prentice–Hall.

7.7.4 역서와 편역서의 경우: 역서(혹은 편역서)를 인용의 출처로 사용했
을 경우, 원저자명을 기준으로 참고문헌 제시 순서를 결정한다. 원저자명
뒤에 본문에서 인용한 번역서의 출판연도를 괄호 안에 제시하고, 번역서명
(중고딕체, 영문은 이탤릭체)을 적는다(예 1). 원전의 제목을 알고 있는 경
우는 대괄호를 이용하여 원전의 제목을 표기한다(예 2). 이어서 괄호로 묶
어 역자명을 적고 '역(혹은 편역)'으로 역서임을 표시하고 마침표를 한다.

그리고 번역서의 출판지와 출판사를 콜론으로 구분하여 적고 마침표를 한다. 그 뒤에 원전의 출판연도를 괄호로 묶어 제시한다. 본문에는 괄호 안에 원저자명을 적고 원전의 출판연도와 번역서의 출판연도를 빗금(/)으로 구분하여 나란히 표기한다.

> [예]1 Yalom, I. V. (2001). **나는 사랑의 처형자가 되기 싫다** (최윤미 역). 서울: 시그마프레스. (원전은 1981에 출판).
>
> [예]2 Hofstede, G. (1995). **세계의 문화와 조직** [Cultures and organizations: Software of the mind]. (차재호와 나은영 역). 서울: 학지사. (원전은 1991에 출판)
>
> Laplace, P.–S. (1951). *A philosophical essay on probabilities* (F. W. Truscott & F. L. Emory, Trans.). New York: Dover. (Original work published 1814).

7.7.5 초록 문헌의 경우: 참고로 한 자료가 본문의 전체 내용이 아닌 초록에서 나온 것이면, 중고딕체(영문은 이탤릭체)로 초록집명을 적고, 참고문헌에 '초록'이나 'Abstract'라고 쓴다. 대체로 초록만을 모아 간행한 간행물 명에는 Abstracts란 말이 들어가지만, 간행물 명을 통해 초록집이라는 것을 알 수 없을 경우는 맨 마지막에 요약 자료집임(요약, 초록 혹은 Abstracts)을 대괄호([ ])로 묶어 표기한다.

> [예] 한덕웅, 이경성 (1999). 대학생의 신체 질병을 예언하는데 관련된 요인들. **한국심리학회 연차학술대회 발표초록집**, 190–193, 8월 19–21일. 서울: 연세대학교 제2 인문관.
>
> Woolf, N. J., Young, S.L. (1991). MAP–2 Expression in cholinoceptive pyramidal cells of rodent cortex and hippocampus is altered by Pavlovian conditioning. *Society for Neuroscience, 17*, 480. [Abstracts]

7.7.6 재인용한 자료의 제시

재인용한 참고문헌의 경우, 본문에는 원전의 저자명을 쓰고 괄호로 묶어 재인용한 연구의 저자명과 재인용 연구의 출판연도를 제시하여 재인용 출처를 밝히지만, 참고문헌 목록에는 재인용 표기 없이 재인용 문헌만을 예시처럼 제시한다. 예를 들어, 원전이 김혜숙(1990)의 「집단범주에 관한 고정관념, 감정과 편견」인데 이를 읽지 않고 김혜숙(2001)의 연구에서 원전의 내용을 인용했다면, 본문에는 원전 저자명과 재인용 문헌을 모두 밝히지만, 참고문헌에는 재인용 문헌인 김혜숙(2001)만을 제시하면 된다.

> 예 [본문에서는]
>
> 김혜숙(1990; 김혜숙, 2001에서 재인용)의 연구에서는 …
>
> **[참고문헌에서는 재인용 문헌만을 제시]**
>
> 김혜숙 (2001). 집단범주에 대한 신념과 호감도가 편견적 판단에 미치는 영향: 미국의 성편견, 인종편견과 한국인의 성편견, 지역편견의 비교. **한국심리학회지: 사회 및 성격,** 15(1), 1-16.

7.7.7 논문, 책, 영화, 비디오, TV 프로그램 등의 논평 문헌 표기: 인용한 내용의 출처가 서평이나 영화, 비디오, TV 프로그램 등을 논평한 것일 경우는 논평자 성명 다음에 출판연도를 괄호로 묶어 표기한 후 제목을 적는다. 그리고 대괄호로 묶어 그 자료가 기술하고 있는 원자료의 형태와 제목을 적고 마침표를 한다. 이어서 이 자료가 실린 서명을 적고 권(호)수와 페이지를 쉼표로 구분하여 적고 마침표를 찍는다.

> 예 한규석 (1996). 한국적 심리학의 모색–집단주의 – 개인주의 [Yoon & Choi's The Psychology of the Korean People 의 논평]. **사회과학논평,** 14, 63–92. 사회과학연구협의회.
>
> Baumeister, R. F. (1993). Exposing the self-knowledge myth [Reveiw of the book The self-knower: *A hero under control*]. *Contemporary*

Psychology, 38, 466–467.

Kraus, S. J. (1992). Visions of psychology: A videotext of classic studies [Review of the video program *Discovering Psychology*]. *Contemporary Psychology, 37,* 1146–1147.

Webb, W. B. (1984). Sleep, perchance to recall a dream [Review of the film *Theater of the night: The science of sleep and dreams*]. *Contemporary Psychology, 29,* 260.

　논평 문헌이 아니라 매체를 직접 인용한 경우는 감독 및 제작자의 이름과 역할을 쓰고, 연도 표기 후에 제목을 제시하며, 제목 뒤에 대괄호([ ])로 원자료 형태를 표시한다. TV 프로그램이라면 방영 지역과 방송사명을, 비디오테이프라면 출시 회사 주소지를, 영화사라면 제작사 이름을 적는다. 본문에서 이들 매체의 인용은 감독(혹은 제작자)의 이름으로 표기한다.

예 김대승 (감독), 심순애 (제작) (2001). **번지점프를 하다** [영화]. 서울: 눈 엔터테인먼트

김재형 (감독) (2001). **용의 눈물**. [TV 연속극] 서울: KBS TV.

배용균 (감독), 홍길동 (제작) (1990). **달마가 동쪽으로 간 까닭은?** [비디오]. 서울: (주) 스타맥스 .

Crystal, K. (Producer), (1993, October 11). *The MacNeil/Lehrer news hour.* [TV program]. New York and Washington, DC: Public Broadcasting Service.

Harrison, J. (Producer), & Schmienchen, R. (Director), (1992). *Changing our minds: The story of Evelyn Hooker* [Film]. (Available from Changing Our Minds, Inc., 170 West End Avenue, Suite 25R, New York, NY 10023)

Miller, R. (Producer), (1989). *The mind.* [TV Series] New York: WNET.

7.8 전자 매체 등 인터넷 간행물의 표기

인용한 내용의 출처가 마이크로필름이나 시디롬, 온라인 등의 매체일 경우는 그 출처 형태와 출처 정보를 대괄호([ ])안에 표시한다.

7.8.1 온라인 매체: 출전이 온라인 매체일 경우, 저자명 뒤에 출판연도를 괄호로 묶어 제시하고 마침표를 한다. 그리고 연구 제목을 적고 출처 형태를 대괄호로 묶는다. 그 뒤에 바로 중고딕체(영문은 이탤릭체)로 출처명과 권수를 적고, 호수가 있을 경우는 신명조체로 호수를 표시하고 독자들이 접근할 수 있는 경로를 적는다.

> 예) 김영숙 (1996). 컴퓨터지원 진로상담시스템 [On−Line].
> http://www.enonmun.com 학술논문/일반검색/키워드: 상담.
>
> Meyer, A. S. (1992). The tip−of−the−tongue phenomenon: Blocking of partial activation? [On−Line]. *Memory & Cognition, 20,* 715−726. FTP: 128.112.128.1 Directory: pub/harnad File: psyc.92.3.26. conscious ness.11.bridgeman.
>
> Runder, D. C. (1994 March). Judgemental process and content: Commentary on Koehler base−rate [9 paragraphs]. *Psycoloquy* [On−line], *5*(17). E−mail:psyc@pucc Message: Get psy 94−1003.
>
> Runder, D. C. (1994. March). Judgemental process and content:Commen tary on Koehler base−rate [9paragraphs]. *Psycoloquy* [On−line serial], *5*(17). FTP: Hostname: Princeton.edu. Directory: pub/harnad/psyco-loquy/1994.volume.5 File: psycoloquy.94.5.17.base−rate.12.funder.

7.8.2 시디롬: 시디롬(CD−ROM)을 통해 정보를 얻은 경우는 출처 형태에 [CD−ROM] 이라고 쓰고, 파일명과 아이템 명을 표시한 다음, 콜론(:)을 찍고 아이템 번호를 적는다.

[예] Meyer, A. S. (1992). The tip-of-the-tongue phenomenon: Blocking of partial activation? [CD-ROM] *Memory & Cognition, 20,* 715-726. Abstract from: Silver Platter File: psyLIT Item: 80-16351.

7.8.3 컴퓨터 프로그램의 표기: 컴퓨터 소프트웨어, 컴퓨터 언어 등도 [Computer Software], [Computer Language] 등으로 그 형태를 명기하고 프로그램이 개발된 도시를 적고 콜론(:)을 한 후에 개발자의 이름을 쓴다.

[예] Bender report (1993). [Computer software]. Melbourne, FL: Psychometric Software.

Breckler, S. J., & Pratkanis, A. R. (1985). Experiment command interpreter for the IBM personal computer [Computer programming language]. Baltimore.

7.9 전자 매체, URL 등 인터넷 간행물의 표기

인터넷은 컴퓨터로 연결된 세계적인 정보망이다. 인터넷 외에도 정보를 공유할 수 있는 방식이 있지만, 가장 보편적인 방식이 전 세계적으로 연결된 웹(World Wide Web)이고, 학회지에 가장 널리 인용되는 인터넷 정보도 주로 웹을 통한 것이다. 웹 상에서는 제공되는 자료도 다양하지만 구성 및 제시 방식도 여러 가지이기 때문에 연구자는 웹에서 얻은 유용한 자료를 독자들이 사용 가능하도록 양식에 맞추어 참고 자료를 제시할 필요가 있다. 형식이 어떠하든지 간에 인터넷을 활용하여 인용한 자료는 독자들이 가능하면 인용한 정보에 가까이 갈 수 있도록 안내한다는 원칙을 따른다. 그러기 위해서는 가능한 홈 페이지나 메뉴 페이지 뿐 아니라 그 안의 특정 문서를 참고 자료로 제시하고 게시된 인터넷 주소를 쓴다.

인터넷을 통한 문서에는 정기 간행물(예: 신문, 뉴스레터, 잡지 등)에 게재된 논문이나 기사로부터 자체 제작된 논문(예: 연구보고서, 정보 발표문,

온라인 서적), 혹은 웹에 기초하여 올린 자료(예, 웹 페이지, 뉴스그룹 등)
가 모두 포함된다.

참고문헌에 제시한 인터넷 자료는 문서 제목이나 이에 대한 설명, 날짜
(발표 날짜, 갱신하거나 인출한 날짜), 그리고 게시 주소(인터넷 용어로
URL; uniform resource locator)를 쓰고, 가능하다면 그 문서 작성자를
밝힌다. URL은 가장 결정적인 요소여서 만약 URL이 제시되지 않아 독자
들이 인용한 자료를 찾을 수 없다면, 논문의 신뢰성이나 논지에 대해 의구
심을 받을 것이다.

URL의 일반적인 구조는 다음과 같다.

http://www.apa.org/monitor/oct00/workplace.html

프로토콜이란 원하는 문서가 들어있는 서버와 웹브라우저(혹은 다른 인
터넷 소프트웨어)가 데이터를 어떠한 형태로 주고받는지를 정한 방식이다.
대표적인 프로토콜로는 http(hypertext transfer protocol), https(hy-
pertext transfer protocol secure), ftp(file transfer protocol) 등이 있
다. URL에서 모든 프로토콜 뒤에는 콜론과 두 개의 빗금(예: http://)이
따라온다.

호스트명은 파일이 소재해 있는 서버를 구분해 준다. 모두 그런 것은 아
니지만 호스트명은 대부분 'www'로 시작한다(예를 들어, 한국심리학회의
홈페이지는 http://www.koreanpsychology.org이고, 미국심리학회의 전
자저널 홈페이지는 http://journals.apa.org이며, 미국심리학회의 회원전
용 사이트에 들어가는 홈페이지는 http://members.apa.org이다). 호스트
명은 글자에 민감하지 않아서 일관성 있게 소문자를 쓰면 된다.

도메인 이름의 확장자는 목적에 따라 출처의 소속을 결정하는데 도움을 준다. 다른 확장자 이름은 어떤 단체가 그 사이트를 주도하느냐에 따라 다르게 사용된다. 예를 들어, 확장자 '.edu' 그리고 '.org'는 교육기관과 비영리 단체에서 쓴다. '.gov'와 '.mil'은 정부기관과 군 사이트에서, 그리고 '.com'과 '.biz'는 상업 사이트에서 쓴다. 도메인 이름 확장자는 국가 코드도 포함할 수 있다(예: '.kr'은 대한민국을 '.nz'는 뉴질랜드를). 그 주소의 나머지 부분은 원하는 문서에 이르는 디렉터리 경로를 나타낸다.

주소의 뒷부분은 원하는 문서로 들어가는 경로를 지정한다. 이 부분은 글자 하나 하나에 매우 민감해서 대문자와 소문자, 기호를 정확하게 써야 한다. 호스트명 뿐만 아니라 경로를 제시하는 것도 매우 중요한데, 왜냐하면 홈페이지나 메뉴 페이지는 주로 링크가 걸려 있어서 링크되어 있는 여러 메뉴 중 어느 하나만이 원하는 문서나 정보로 접근할 수 있기 때문이다. 만약 링크 되어 있는 것이 여럿인데 경로가 제시되어 있지 않으면, 독자는 저자가 인용한 자료를 찾아내기가 어렵다.

문서 작업 프로그램으로 작업할 때, URL을 가장 정확하고 쉽게 제시할 수 있는 방법은 주소가 떠 있는 창에서 직접 '복사하기' 메뉴를 이용하여 원고에 '붙이기'를 하는 것이다. 주소가 길어 줄이 바뀐다고 해서 줄이 바뀔 때 한 영어 단어임을 표시하기 위해 문장 맨 끝 단어 중간에 쓰는 하이픈(−)을 임의로 쓰지 않고, 대신 빗금(/) 다음이나 마침표 앞에서 잘라 혼란이 일어나지 않게 한다.

참고문헌 목록에 있는 URL은 필요할 때마다 다시 확인해 보아야 한다. 이를테면 초고를 쓰고 나서 그리고 동료 학자들에게 원고 검토를 부탁할 때, 출판이 임박했을 때, 또한 원고를 재검토 할 때 거듭 확인을 한다. 인용한 문서가 이동했다면, 올바른 주소로 갈 수 있도록 URL을 수정하여 새로 작성한다. 만약 문서가 더 이상 사용가능하지 않다면, 다른 출처로 대치하거나(예: 원래는 초고나 시안의 형태였으나 공식적으로 출판이 된 경우 출판물로 대치) 원고에서 삭제한다. 일반적인 제시 양식은 아래와 같다.

[온라인 정기 간행물의 경우]

저자명 (간행연도). 논문 제목. 정기간행물명, 권(호). 자료인출 연월일.

[온라인 문서의 경우]

저자명 (간행연도). 저작물의 제목. 자료인출 연월일.

7.9.1 전자 매체 자료들의 일반적인 제시 형식: 전자 매체란 온라인 간행물, 웹 사이트나 웹 페이지, 뉴스그룹, 웹 혹은 전자 메일로 보내진 뉴스레터, 데이터베이스 등을 포함한다. 저자명의 표시나 저자의 제시 순서, 글자체, 들여쓰기 등은 활자로 된 참고문헌의 제시 양식을 따른다. 인용한 내용의 출처가 마이크로필름이나 CD-ROM, 온라인 등의 매체일 경우, 그 출처 형태와 출처 정보를 대괄호([ ])로 표시한다.

인터넷에서 정보를 얻은 경우, 자료 원천의 이름과(혹은) 주소를 적은 후 인출한 날짜의 연월일을 쉼표로 구분하여 적고 "...에서 자료 얻음"이라고 적은 다음에 문장을 끝낸다. 참고 목록 제시가 인터넷 주소로 끝나지 않는 한, 얻은 정보를 쓰고 마침표를 찍는다. 인용한 자료를 얻을 수 있는 곳이 URL이므로 어떻게 하면 그 정보에 접근할 수 있는지를 지칭하는 URL은 반드시 써야 한다(예 1). 그러나 통합된 데이터베이스에서 얻은 정보일 경우는 그 데이터베이스의 이름이면 충분하고, 주소를 쓸 필요는 없다(예 2).

예1 American Psychological Association (2001, August 1). APA style for electronic resources. http://www.apastyle.org/styleelecref.html.에서 2001. 9. 5 자료 얻음.

예2 Eid, M., & Langeheine, R. (1999). The measurement of consistency and occasion specificity with latent class models: A new model and its application to the measurement of affect. *Psychological Methods, 4,* 100-116. PsyARTICLES에서 2000. 11. 19 자료 얻음.

인터넷의 모든 내용물은 옮겨지고, 재구성되거나, 삭제될 수 있기 때문에, 참고문헌 목록에서 하이퍼링크나 URL이 작동하지 않을 수 있다. 이 문제를 해결하기 위해 출판사들은 DOI(Digital object Identifiers)를 간행물 논문과 다른 문서에 할당해오고 있다.

7.9.2 DOI 시스템: 국제적인 출판사 단체가 개발한 DOI 시스템은 디지털 네트워크에서 정보를 관리하는 데 지속적인 인식 도구를 제공하고 있다 (http://www.doi.org/ 참조). DOI 시스템은 CrossRef와 같은 과학출판 영역을 위한 인용—연결 서비스를 제공하는 등록 대행업체로 먼저 시작했다. 그들의 사명 선언문에 따르면, "CrossRef는 인식을 쉽게 하고, 협력적인 발전과 적용을 장려함으로써 믿을 수 있는 전자 문서를 사용하는 데 그 목적이 있다(http://www.crossref.org/)."

CrossRef 참여자들은 두 가지 중요한 기능을 제공하는 시스템을 개발하였다. 첫째, 그들은 각 글의 내용이 어디에 존재하던 상관없이 독자에게 안내하는 정보센터 기능을 하는 "인식기와 기본적인 경로 시스템"을 할당했다(Kasdorf, 2003, p. 646). 둘째, 그들은 각 참고문헌을 클릭으로 접근할 수 있도록, 전자 논문을 참고문헌 목록 안에 연결할 수 있는 DOI를 공동 제작했다. CrossRef는 현재 2,600명 이상의 출판업자들과 학술 단체가 있다.

7.9.3 논문 식별기로서의 DOI: DOI는 내용을 인식하고 인터넷에 지속적인 링크를 제공하기 위해 등록 대행업체 (국제 DOI 협회)가 할당한 독특한 문자 숫자식의 기호열이다. 발행인은 논문을 출판하고 전자 문서상으로 이용 할 때, DOI를 할당한다. 모든 DOI 번호는 10으로 시작하고 슬래시로 분리되는 접두사와 접미사가 있다. 접두사는 단체에게 할당한 4개 이상의 자리수로 되어 있는 고유 번호이다. 접미사는 발행인이 할당하고 발행인 인식 규격의 융통성을 위해 만들어졌다. 학술지에 DOI가 표시된 논문을 참

고문헌에 표기 할 때 맨 마지막에 나타낸다.

> 예 Herbst–Damm, K. L., & Kulik, J. A. (2005). Volunteer support, marital sta-
> tus, and the survival times of terminally ill patients. *Health Psychology,*
> *24,* 225–229.
> doi:10.1037/0278–6122.24.2.225

또한 온라인상에 먼저 출판되는(Online First publication) DOI가 있는 논문을 인용했을 경우 DOI앞에 온라인상에서 먼저 출판된 날짜를 표시한다.

> 예 Seo, M. K., Kim, S. H., & Rhee, M. (2012). Coercion in psychiatric care:
> Can paternalism justify coercion? *International Journal of Social*
> *Psychiatry,* first published on January 4, 2012 as doi:10.1177/002
> 0764011431543

7.9.4 정기간행물: 현재 인터넷상에서 볼 수 있는 논문은 대부분 이미 인쇄된 것이 인터넷상에도 게시된 것이다. 따라서 인쇄된 원전의 정기간행물 제시 방법에 준하여 게시하고, 논문 제목 바로 뒤에 대괄호([ ])로 '전자 매체본'임을 기록하여 전자 매체를 통해 그 논문을 읽었다는 사실을 밝힌다(예 1). 그러나 온라인상에서 논문을 참고하였는데 인쇄본과 다른 사항이 있거나(이를테면, 인쇄물과 포맷이 다르거나 쪽 번호가 표시되지 않은 경우), 첨가된 자료나 논평이 있을 때는 그 문서의 URL을 적은 후 자료를 얻은 날짜의 연월일을 쉼표로 구분하여 적고, "…에서 자료 얻음"이라고 쓴 다음 마침표를 찍는다(예 2). 인쇄본 없이 온라인상에서만 발행되는 정기간행물의 경우는 권, 호수를 쓰는 것이 부적절하기 때문에 이러한 간행물은 정기간행물명 만으로 충분하다. 그리고 가능하다면 URL을 제시하여 바로 그 자료에 접근할 수 있도록 한다(예 3).

URL 주소가 줄이 넘어가 두 줄 이상에 써야 할 때는 빗금(/) 다음이나 마침표(.) 앞에서 끊어 다음 줄로 넘긴다. 뉴스레터의 경우는 자료가 게시된 정확한 날짜를 적고 쪽 번호가 없는 것에 유의한다(예 4).

예1 김은정 (2001). 친구 없는 청소년에 대한 평가: 외톨이 질문지의 개발 및 타당화 [전자매체본]. **한국심리학회지: 임상**, 20(3), 535–550.

Vanden Bos, G., Knapp, S., & Doe, J. (2001). Role of reference elements in the selection of resources by psychology undergraduates [Electronic version]. *Journal of Bibliographic Research, 5,* 117–123.

예2 최상진 (1999). 유학의 대간은 심리학. **사회과학논평, 18,** 139–146. http://168.131.53.95/magic/magic.exe?에서 2001. 10. 3 자료 얻음.

Vanden Bos, G., Knapp, S., & Doe, J. (2001). Role of reference elements in the selection of resources by psychology under graduates. *Journal of Bibliographic Research, 5,* 117–123. http://jbr.org/articles.html에서 2010. 10. 13 자료 얻음.

예3 Crow, T. J. (2000). Did Homo sapiens speciate on the Y chromosome? *Psycoloquy, 11.*
ftp://ftp.princeton.edu/harnad/Psycoloquy/2000.volume.11/psyc.00.001.language–sex–chromosomes.1.crow

Fredrickson, B. L. (2000, 3, 7). Cultivating, positive emotions to optimize health and well–being. *Prevention & Treatment, 3,* Article0001a. http://journals.apa.org/prevention/volume3/pre0030001a.html

예4 Glueckauf, R. L., Whitton, J., Bater, J., Kain, J., Bogelgesang, S., Hudson, M., et al. (1988, July). Videocounseling for families of rural teens with epilepsy: Project update. *Telehealth News, 2*(2). http://www.telehealth.net/subscribe/newsletter–4a.html#1

7.9.5 인터넷의 비정기 간행물 문서: 날짜를 쓰지 않고 일반 기관에서 게시한 인터넷 문서가 여러 페이지로 구성되었을 때(예: 각 절이 각각의 URL을 가지고 있을 때)는 그 문서가 들어간 홈페이지(혹은 첫 화면)로 연

결될 수 있는 URL을 적고, 작성 일자가 없음을 '작성일 불명' (영어는 no date를 나타나는 축약어 n. d.로 표기)이라고 쓴다(예 1). 인터넷 문서상의 장이나 절은 쪽 번호 자리에 표시하며 그 장이나 절로 바로 연결되는 URL 을 쓴다(예 2). 문서 작성자나 작성 날짜를 확인할 수 없는 문서는 그 문서 의 제목을 저자명으로 간주하여 해당 참고문헌 목록 란에 제시한다(예 3). 아주 복잡하고 큰 웹 사이트(예: 대학이나 정부 기관의 웹 사이트) 안에 포 함된 문서라면 문서 자체가 들어있는 URL을 제시하기 전에 호스트가 되는 기관이나 대학을 명기한 후 콜론(:) 표시를 하고 해당 URL을 쓴다(예 4).

예1 Greater New Milford (Ct) Area Community 2000, Task Force on Teen and Adolescent Issue. (n.d.). *Who has time for a family meal? You do!* http://www.familymealtime.org에서 2000. 10. 5 자료 얻음.

예2 Benton Foundation. (1988. 7. 7). Barriers to closing the gap. *In Losing ground bit by bit: Low-income communities in the information age* (chap. 2). http://www.benton.org/Library/Low-Income/two.html에서 2001. 8. 18 자료 얻음.

예3 *GVU's 8th WWW user survey.* (n.d.). http://www.cc.gatech.edu/gvu /user-surveys-1997-10에서 2000. 8. 8 자료 얻음.

예4 Chou, L., McClintock, R., Moretti, F., & Nix, D. H. (1993). *Technology and education: New wine in new bottles: Choosing pasts and imaging ed- ucational futures.* Columbia University, Institute for Learning Technologies Websites: http://www.lit.columbia.edu/publications/papers/newwine1.html 에서 2000. 8. 24 자료 얻음.

7.9.6 연구 보고서: 기관의 웹 사이트에 게시된 보고서처럼 문서 제공자 (호스트 기관)와 문서 작성자가 뚜렷이 구분되는 경우는 대학(또는 기관)명 을 먼저 적고 웹 사이트의 주소를 적은 다음 "…에서 자료 얻음"이라고 쓰

고, 문서 작성일의 연, 월, 일을 표시한다(예 1). 다만, 이 문서가 그 사이
트에서 더 이상 제공되지 않는다면, 논문에도 이 참고 자료를 삭제하거나
갱신된 정보를 제공해야 한다. 문서 작성일이 명시되지 않은 공공기관 웹
사이트의 보고서일 경우는 '작성일 불명' (영어는 n. d.)이라고 괄호 안에
쓴다(예 2). 문서가 완전한 논문이 아니고 초록 등과 같은 요약서라면, 자
료를 얻은 사실을 쓸 때는 대괄호([ ])를 사용하여 말미에 '초록'이라고 밝힌
다(예 3).

예1 Camarie, Inc. (1997, September 27). *Towards a Canadian health IWAY:
Vision, opportunities and future steps.*
http://www.canarie.ca/press/publications/pdf/health/ healthvision.doc
에서 2000. 11. 8 자료 얻음.

University of California, San Francisco, Institute for Health and Aging.
(1996). *Chronic care in America: A 21st century challenge.* The
Robert Wood Johnson Foundation Website: http://www.rwjf.org/li-
brary/chrcare/에서 2000. 9. 9 자료 얻음.

예2 United States Sentencing Commission (n.d.). 1997 *source book of federal
sentencing statistics.* http://www.ussc.gov/annrpt/1997 /sbtoc97.htm

예3 Kruschke, J. K., & Bradley, A. L. (1995). *Extensions to the delta rule of
associative learning* (Indiana University Cognitive Science Research
Report No. 14). http:www.indiana.edu/~krushchke/deltarule_ ab-
stract.html에서 2000. 10. 21 자료 얻음. [초록]

7.9.7 웹 사이트에 게시된 심포지움 발표 자료의 요약본도 요약임을 명
기한다(예 1). 온라인상에서만 이루어진 가상 학회는 실질적으로 회의가 일
어난 장소가 없으므로 가상 학회에 제출된 자료라고 쓰면 된다(예 2).

예1 Cutler, L. C., Frolich, B., & Hanrahan, P. (1997, January 16). *Two handed
direct manipulation on the responsive workbench.* Paper Interactive 3D

Graphics Symposium.
http://graphics.stanford.edu/papers/twohanded/에서 2000. 6. 12 자
료 얻음. [초록]

예2 Tan, G., & Lewandowsky, S. (1996). *A comparison of operator trust in
humans versus machines.* Paper presented at the Cyberg 1996 vir-
tual conference. http://www.curtin.edu.au/conference/cyberg/center/
outline.cgi/frame?dir-tan에서 2000. 5. 자료 얻음.

7.9.8 뉴스그룹, 온라인상의 포럼과 학술 토론 집단, 그리고 전자 메일
링리스트: 인터넷 상에서는 특정 주제에 대해 토론하고 의견을 밝힐 기회
를 여러 곳에서 제공하고 있다. 이러한 것이 뉴스그룹, 온라인상의 포럼,
토론 집단, 전자 메일링리스트 등이다. (전자 메일링리스트는 'listservs'라
고 불린다. 그러나 LISTSERV가 특정 소프트웨어 프로그램의 상표명이므
로 여기서는 전자 메일링리스트라 부른다.)

뉴스그룹은(대개 전자 메일 프로그램이나 뉴스리더를 통해서) 유스넷으
로 접속하는데 Usenet 뉴스그룹은 http://groups.google.com의 웹에서
도 가능하다. 이와는 달리 온라인상의 포럼이나 토론 집단은 기본적으로
웹에 근거하고 있다. 전부는 아니지만 많은 전자 메일링 리스트도 포럼이
나 토론 집단원에게 전자 메일을 통하여 메시지를 보내는 방식으로 활동을
한다.

이러한 자료를 인용할 때는 기본적으로 이 내용이 공식적인 학회 발표물
이 아니라는 점에 주의해야 한다. 이들 내용은 대부분 동료 학자의 확인
작업을 거치지 않고, 학문적인 내용을 담고 있는 것이 아니고, 충분한 시
간을 두고 논의되지 않았다. 그러므로 이러한 자료를 인용할 때는 인용한
메시지나 내용이 학문적 가치를 지니고 있고, 재생하여 인출가능 해야 한
다. 뉴스그룹, 온라인상의 포럼과 학술 토론 집단, 그리고 전자 메일링리스
트 내용은 때로 일정 기간 자료를 보관하고 있지만 다 그런 것은 아니다.

만약 자료가 보존되어 있지 않다면, 그 메시지는 다시 인출 할 수가 없으
므로 참고문헌 목록에 포함될 수가 없다. 기껏해야 개인 서신 정도로 인용
할 수 있을 것이다.

　메시지 중 저자의 이름을 알 수 있는 경우는 저자명(영문의 경우는 성을
쓰고 이름의 첫 글자)을 쓴다(예 1, 예 2). 가명(온라인상의 별칭)만 있을
경우도 그 가명을 그대로 적는다. 저작자명 다음에는 게시된 정확한 날짜
의 연월일(영어의 경우 월은 알파벳으로)을 괄호로 묶어 적고 이어서 메시
지의 주제글을 쓴다. 그리고 이 메시지를 확인할 수 있는 표시가 있다면,
이를 대괄호([ ])로 묶어 제시하되 축약어는 사용하지 않는다. 그 다음에는
메시지가 게시되어 있는 근거 자료의 주소를 쓰고 "…에 게시"라고 쓴다.
전자 메일링리스트에 게시된 메시지는 그 근거가 되는 메일링리스트의 이
름과 주소를 쓴다(예 3).

예1 [뉴스그룹 메시지]

　Chalmers, D. (2000, 11, 17). Seeing with sound [Msg 1.]
　http://sci.psychology.consciousness에 게시.

예2 [온라인 포럼이나 토론 집단에 게시된 메시지]

　이정모 (2000, 12, 24). **과학도로서의 심리학도의 자세/신조.**
　http://www.koreanpsychology.org 회원광장 사이버특강에서 2001, 10, 3
　　자료 얻음.

　Simons, D. J. (2000, July 14). *New resources for visual cognition* [Msg
　　31] http://groups.yahoo.com/group/visualcognition/messa ge/31

예3 [전자 메일링리스트에 게시된 메시지]

　Hammond, T. (2000, 11, 20). YAHD: Handle Parameters, DOI Genres,
　　etc. Ref-Links electronic mailing list. http://www.doi.org/mail-archive/
　　ref-link/msg00088.html에 게시.

7.9.9 기타 전자 매체 자료: 연구자들은 초록이나 논문, 기타 정보를 구

하기 위해 통합된 데이터베이스를 많이 이용한다. 오늘날 많은 데이터베이스는 여러 공급원을 통해 다양한 형태(예: CD-ROM, 대학의 서버, 웹 사이트 등)로 정보를 이용하게 되어 있지만 다양한 제공자와 형태가 사용자에게는 분명하게 구분되지 않을 수 있다. 그러므로 통합 데이터베이스를 찾아 얻은 참고 자료의 경우는 독자가 저작물을 인출할 수 있도록 정해진 양식을 따라야 하며, 정확한 데이터베이스 이름을 쓰고 "…에서 연, 월, 일 자료 얻음"이라고 표기한 다음, 마침표로 마무리한다. 정부 기관의 웹에서 찾을 수 있는 보고서의 경우는 데이터베이스로 갈 수 있는 화면으로 직접 연결할 수 있는 URL을 제시하고 "…에서 연월일 자료 얻음"이라고 쓴다.

예1 [데이터베이스에서 인출한 3~5명의 저작자의 전자 잡지 간행물]

　　Borman, W. C., Hanson, M. A., Oppler, S. H., Pulakos, E. C., & White, L. A. (1993). Role of early supervisory experience in supervisonr performance. *Journal of Applied Psychology, 78*, 443-449. PsycARTICLES에서 2000. 10. 23 자료 얻음.

예2 [온라인 상에서 읽은 일간지 기사]

　　유향숙 (2001. 10. 12). **생명의 비밀 상자-게놈**. 한국일보.
　　http://www. hankooki.com에서 2003. 10. 12 자료 얻음.
　　Hilts, P. J. (1999. 2. 16). *In forecasting their emotions most people flunk out*. New York Times. http://www.nytimes.com에서 2000. 11. 21 자료 얻음.

예3 [이차 데이터베이스에서 가져와 온라인 상에 게시된 요약문]

　　Foumier, M., de Ridder, D., & Bensing, J. (1999). Optimism and adaptation to multiple sclerosis: What does optimism mean? *Journal of Behavioral Medicine, 22*, 303-326. PsycINFO database에서 2000. 10. 23 자료 얻음. [초록]

예4 [정부 기관 웹에 올라와 있는 보고서]

　　통계청(2001). **2000년 사망원인 통계결과**. http://www.nso.go.kr/report/data/svca0000.htm에서 2004. 10. 3 자료 얻음.

U. S. General Accounting Office. (1997. 2). *Telemedicine: Federal strategy is needed to guide investments* (Publication No. GAO/NSAID/ HEHS -97-67). General Accounting Office Reports Online via GPO http://www.access.gpo.gov/su_docs/aces/aces 160.shtml ?/gao/index. html에서 2001. 10. 3 자료 얻음.

7.9.10 **컴퓨터 프로그램, 소프트웨어, 프로그램 언어**: Microsoft Word, Excel, Java, Adobe Photoshop, SAS, SPSS 같이 널리 알려진 기본적인 소프트웨어나 프로그램 언어는 참고문헌 목록에 제시하지는 않지만, 일부에서만 한정적으로 사용되는 소프트웨어의 경우는 소프트웨어 이름과 버전을 기록한다(예 1). 대학의 웹 사이트에서 제공하는 소프트웨어와 요강의 경우는 소프트웨어나 프로그램, 언어의 첫 글자만 따서 만든 축약어를 쓰지 않는다. 특정 개인이 프로그램의 사용권을 가지고 있다면 저작자의 이름을 적고, 그렇지 않은 경우는 익명의 저자처럼 취급한다. 제목 바로 다음에 컴퓨터 프로그램인지, 언어나 소프트웨어인지 자료의 형태를 대괄호([ ])로 묶어 표기하고, 제목과 대괄호 사이에는 마침표를 하지 않는다. 그리고 이어 제작 기관명의 위치를 적고, 가능하다면 출판지를 적는다. 요강도 같은 요령으로 정보를 제시하는데 제목 뒤에 이어지는 대괄호 안에는 컴퓨터 프로그램이나 소프트웨어 요강으로 표시하면 된다(예 2).

예1 Miller, M. E. (1993). *The Interactive Tester* (Version 4.0) [Computer software]. Westminster, CA: Psytek Services.

예2 Schwarzer, R. (1989). *Statistics software for meta-analysis* [Computer software and manual]. http://yorku.ca/faculty/ academic/schwarze/ meta_e.htm에서 자료 얻음.

7.9.11 **원자료**: 정부 기관에서 얻을 수 있는 데이터 파일은 제목 뒤에 대괄호([ ])로 묶어 자료에 대해 기술(예: 데이터 파일)하고 마침표를 찍는

다(예 1). 정부 기관이 아닌 특정 기관에서 얻을 수 있는 데이터 파일이라면 인용 자료에 접근할 수 있는 URL을 제시한다(예 2).

예1 *National Health interview Survey-Current health topics: 1991- Longitudinal study of aging* (Version 4)[Data file]. Hyattsville, MD: National Center for Health Stastics.

예2 Department of Health and Human Services, National Center for Health Stastics. (1991). *National Health Provider Inventory: Home health agencies and hospices, 1991* [Data file]. National Technical Information Service Website, http://ntis.gov.

7.10 전자 문서 출처를 위한 발행 자료 제공

인쇄판(PDF처럼)에 기초한 전자 문서는 그 논문을 인용한 페이지의 숫자를 써 넣는다. 신문과 같은 참고문헌에는 페이지 번호 앞에 pp.를 쓴다. DOI가 그 내용물에 할당되어 있다면 그 DOI를 쓴다. 관행에 따르면, 출판 업자는 논문의 첫 페이지에 DOI를 잘 보이게 한다. DOI의 기호열이 길기 때문에, 가능하면 복사해서 언제든지 붙일 수 있도록 한다. 그래서 해당 논문에서 출판된 그 DOI에 문자 숫자식의 기호열을 정확하게 쓴다. 참고 문헌의 DOI는 다음 형식을 사용한다(예: doi: xxxxxxxxxx). DOI를 사용할 때는 그 내용을 식별하고 위치를 알기 위해 추가 정보검색을 위한 자료는 요구하지 않는다.

DOI가 그 내용물에 할당되어 있지 않다면, 간행물, 책이나 보고서 발행인의 홈페이지 URL을 제공한다. 만약 개인 데이터베이스에서 그 논문을 인용하고 있다면, URL의 위치를 알아내기 위해 빠른 웹 검색이 필요 할지도 모른다. 그러기 위해서는 브라우저에 있는 주소창을 직접 복사하고, 그것을 작업 문서에 붙여서 URL을 정확하게 제시한다(문서 편집 프로그램에 있는 자동 하이픈 삽입 기능이 꺼져있는지를 확인해야 한다). URL을 선으로 분할할 필요가 있다면, 하이픈을 삽입해서는 안 된다. 대신 문장 부호를 사용하기 전에 URL을 분할한다(http://은 예외이다). 마침표가 URL의 한 부분이라고 여기지 않도록 URL 표기 다음에는 마침표를 붙이지 않는다.

논문을 제출하기 전에는 각 단계에서 참고문헌의 URL을 점검할 필요가 있다. 만약 인용하고 있는 문서가 이동하였다면, 새로운 URL의 위치를 알리기 위해 이동한 URL을 업데이트해야 한다. 만약 그 내용물을 더 이상 이용할 수 없으면, 다른 출처로 대체하거나(예: 만약 초안을 처음에 인용했다면, 최종판을 찾는다) 그 내용물을 논문에서 제외시킨다.

일반적으로 데이터베이스 정보는 포함시킬 필요가 없다. 특정 데이터베이스에 있는 간행물의 적용범위는 시간에 따라 변할 수 있다. 또한 EBSCO, OVID나 ProQuest와 같은 프로그램을 사용하면(각각의 프로그램은 Psyc INFO와 같이 훈련 목적용 데이터베이스를 담고 있다), 정확히 어떤 데이터베이스가 그 논문의 전체 내용을 제공했는지 명확하지 않을 수 있다.

어떤 기록 보관용 문서는(예: 발행이 중지된 간행물, 모노그래프, 박사학위 논문이나 공식적으로 출판되지 않은 문서) ERIC이나 JSTOR과 같은 전자문서 데이터베이스에서만 찾을 수 있다. 그 문서가 주요 출판 통로를 통해 쉽게 확인되지 않는다면, 온라인 기록 보관용 홈페이지 URL이나 도입부 페이지 URL을 제공한다. 그러나 출처 자료가 시간에 따라 변하지 않는다면, 정보검색용 데이터를 포함시킬 필요는 없다(예: Wikis). 출판 형태나 안정된 매체에서 발행되는 자료의 참고문헌은 그 최종판을 인용하는 것이 바람직하다.

7.11 출판 장소와 출판사

저서의 경우, 출판 사항에는 출판 도시명과 출판사명을 적는다. 다만 출판지가 잘 알려진 도시가 아니거나 다른 곳과 혼동을 일으킬 수 있을 경우는 도시명 다음에 쉼표를 하고 국가명(미국은 주(洲)명을 공식화된 약자로)을 적는다. 출판지명 다음에는 콜론을 찍고 출판사명을 넣는다. 출판사명은 알아볼 수 있을 만큼만 간단하게 적는다. associations, corporations, university press 등은 적되 *Publishers, Co., Inc.,* 등의 불필요한 용어는 출판사를 구분하는 데 필수적인 것이 아니면 뺀다. 그러나 Books 와 Press 같은 고유명사는 그대로 쓴다.

원전의 출판 도시가 하나 이상일 경우 맨 앞에 나와 있는 출판지를 쓰거나 출판사의 본사가 있는 출판 도시를 적고 마침표를 찍는다.

예 Patterson, C. H. (1997). *Theories of Counseling and Psychotherapy.* NY: Harper & Row.
한덕웅 (1994). **퇴계심리학.** 서울: 성균관대학교 출판부.

7.12 한글 문헌의 영문 표기

한국심리학회에서 발간하는 학술지에 영문으로 게재를 하거나, 외국의 영문 학술지에 게재하고자 하는 연구물의 경우, 국내문헌 자료를 영문으로 표기하는 방식은 이 지침을 따른다. 이 지침에 정해지지 않은 사항은 '국어의 로마자표기법'(문화관광부, 2000)을 따른다.

7.12.1 영문으로 저자, 논문제목, 학술지명 등이 정해 있는 경우: 저자, 논문 제목, 학술지 등의 영문 표기가 정해져 있는 경우는 그 표기 방식을 따른다. 따라서 한국심리학회의 발간 학술지에 출판된 논문의 경우는 이들 문헌에 나와 있는 영문표기를 이용하여 미국심리학회가 정한 방식으로 제시하고 말미에 한국어 문헌(Korean Literature)이란 표기를 대괄호로 묶어 제시한다.

예 Hahn, D-W., & Jang, E-Y. (2000). Effect of success/failure feedback, goal-setting for social comparison. *Korean Journal of Social and Personality Psychology, 14*(3), 109-123. [Korean Literature]

7.12.2 영문 표기 방식이 알려져 있지 않은 경우: 이 경우에는 한글의 영문표기방식에 따라 표기하되, 성은 전체를 이름은 두문자만을 제시한다. 논문 제목은 첫 음의 첫 철자를 대문자로 표기하고, 각 음간에 하이픈(-)을 삽입하며, 한글맞춤법에 따라 각 단어(혹은 구)를 띄어준다. 제목이 끝나면 대괄호를 이용하여 영문으로 번역 제목을 제시한다. 논문집이나 원전의 영문명이 정해지지 않은 경우는 학술지의 음독을 영문으로 표기하고 대괄호로 영문 번역을 제시한다. 출판사, 출판 장소 등은 음독을 영문으로 표기한다(예 1, 2).

영문명이 정해지지 않았으나 번역어로 그 의미가 명백한 경우는 음독 표기 없이 번역어만을 제시할 수 있다(예 3).

예1 Han, S-B. (1982). *Han-gug-in-ui gong-dong-che-ui-sig.* [Communi tarianism of Koreans]. *Jeong-sin-mun-wha,* [Mental Culture], *12 (spring),* 2-16. [Korean Literature]

예2 Cho, G-H. (1998). *Yu-hag sim-li-hag.* [Psychology of Confu cianism]. Seoul: Na-nam publishing. [Korean Literature]

예3 Kim, H-K. (1999). *Rey-Kim Gi-eog-geom-sa-ui i-he.* [Under standing of Rey-Kim memory test]. Abstracts of the Annual convention of Korean Psychological Association, pp. 131-133, Aug. 19-21. Yonsei University. [Korean Literature]

▶참고문헌 점검표 1 (본문에서의 참고 및 인용)

체크		점검사항
예	아니오	
□	□	본문에서 인용한 문헌을 저자명으로 표시하고, 인용한 참고 자료의 출판연도를 표기하였는가?
□	□	외국 이름의 경우에는 동양 저자라면 우리말식 음독을 쓰고, 괄호 안에 원어를 표시하였는가?
□	□	외국 이름의 경우에는 서양 저자는 영어로 성만 표시하고, 동양 저자의 이름이라도 영문으로 표시된 연구를 인용했을 경우에는 저자의 성만을 표기하였는가?
□	□	저자명이 본문 중에 나오지 않을 경우, 인용할 내용의 문장이 끝난 후에는 마침표를 찍기 전에 괄호 안에 완전한 저자명과 쉼표, 출판연도를 제시하였는가?
□	□	저자명을 본문 중에 언급하지 않고, 저자의 특정 자료 중 일부를 인용할 때는 인용할 특정 자료와 출판연도를 구분하기 위해 출판연도 다음에 쉼표를 하고 자료 표시를 하였는가?
□	□	본문 중에 저자명이 언급되지 않고 문장 끝에 괄호 안으로 처리했을 때는 한국 문헌과 동양 문헌의 저자명을 쉼표로 구분하고 서양 문헌의 경우에 '&'을 사용하였는가?
□	□	동명 저자의 서로 다른 연구가 논문에 포함될 경우, 저자명 뒤에 표기된 출판연도로 별개의 연구임을 구분하였는가?
□	□	본문 중에 저자명 없이 기관이나 단체에서 행한 연구를 인용했을 때, 기관명을 저자명으로 취급하고 전체 기관명을 밝혔는가?
□	□	재인용 시 원전의 출판연도 뒤에 콜론을 한 후, 재인용 출처의 저자와 자료의 출판연도를 적고 출판연도에 이어 "…에서 재인용"이라고 표기하였는가?

체크		점검사항
□	□	번역서의 경우, 원전의 저자명을 적고 쉼표를 한 후 원전의 출판연도와 번역서의 출판연도를 빗금(/)으로 구분하여 나란히 표기하였는가?
□	□	문헌의 특정 부분을 직접 인용한 경우, 인용한 내용이 들어가 있는 인용 출처의 쪽수 혹은 장(章)을 표시하였는가?
□	□	동일인의 두 편 이상 논문을 인용할 경우, 연도순으로 오래된 것부터 배열하였는가?
□	□	국내 문헌, 동양 문헌(국가명의 알파벳 순서), 서양 문헌을 저자순으로 배열하였는가?

▶ 참고문헌 점검표 2 (목록의 구성과 저자명)

체크		점검사항
예	아니오	
□	□	한국어 출판물을 먼저 제시하고 외국 출판물을 제시하였는가?
□	□	외국 출판물의 경우, 동양 문헌 다음 서양 문헌 순으로 제시하였는가?
□	□	동양 문헌의 경우, 국가명을 영어로 표기했을 때 알파벳순으로 하였는가?
□	□	제일 먼저 저자명을 적고 한 칸을 띄우고 괄호 안에 출판연도를 쓴 후에 마침표를 하였는가?
□	□	연구 단체나 기관명의 가나다(영문은 알파벳) 순으로 배열하되, 기관이나 단체의 전체 이름을 표기했는가?

체크		점검사항
□	□	익명의 경우, 인용한 연구 제목의 두세 단어를 저자명과 같이 취급하였는가?
□	□	괄호 안에 익명(영문은 Anonymous)이라고 표기한 후, 쉼표(,)를 찍고 출판연도를 적었는가?
□	□	메타분석의 경우, 사용된 자료들을 따로 구분하지 않고 참고문헌 목록에 통합하여 제시하였는가?
□	□	메타분석의 경우, 저자명 앞에 위첨자로 '*'를 붙였는가?
□	□	참고문헌 앞에 '*'표가 있는 것은 '메타분석에 포함된 참고문헌임'이라고 표기하였는가?

▶ 참고문헌 점검표 3 (출판연도)

체크		점검사항
예	아니오	
□	□	미출판된 연구가 인쇄 중일 경우, 출판연도 자리인 괄호 안에 "인쇄중"이라고 표기하고 해당 저자의 맨 마지막 연구로 취급하였는가?
□	□	현재 심사 중이어서 출판이 확실치 않은 경우, 출판연도 대신 "심사중"이라고 괄호로 묶어 표기하고 심사 의뢰 중인 정기 간행물을 밝혔는가?
□	□	발표 자료 등으로 만들어졌으나 출판되지 않은 것은 "미간행"이라고 표기하였는가?
□	□	학술대회 등의 발표 자료인 경우, 학술발표 연, 월, 일을 기입하고 쉼표를 한 후 미간행임을 표기하였는가?

		권수로 표기하는 정기 간행물의 경우, 출판연도를 괄호 안에 적고 정기 간행물명 뒤에 권수를 표기하였는가?
□	□	

▶ 참고문헌 점검표 4 (정기 간행물)

체크		점검사항
예	아니오	
□	□	동양과 국내의 학술지명이나 저서명은 중고딕체로, 서양 문헌은 이탤릭체로 표기하였는가?
□	□	영문 제목이나 부제는 시작 단어의 첫 알파벳만을 대문자로 표기하였는가?
□	□	정기간행물의 전체 이름과 권수를 중고딕체로 적었는가?
□	□	본문 인용 때의 표기 방식과는 달리, 권수 앞에 "Vol."이라고 쓰지 않고 아라비아 숫자로 권수를 적었는가?
□	□	권수 번호에 바로 이어 괄호 안에 호수를 적고, 이어서 쪽수를 아라비아 숫자로 표기하였는가?
□	□	쪽수를 표시하는 기호(p.나 pp.)는 생략하였는가?
□	□	대학 논문집의 경우, 발행 기관인 대학명과 대학 내 연구소(혹은 대학)명의 표기는 기관과 연구소 사이만 한 칸 띄어쓰기를 하였는가?
□	□	대학 논문집의 경우, 기관명과 연구소명은 모두 붙여쓰기를 하였는가?

예	아니오	
□	□	신문 기사의 경우, 사설이나 일반 기자가 쓴 기사는 신문명을 저자명으로 취급하였는가?
□	□	신문 기사의 경우, 발행일자의 연, 월, 일을 괄호로 묶어 쓰고 기사의 제목과 게재면을 표시 하였는가?
□	□	신문 기사의 경우, 독자나 특정인의 기고라면 기고자의 이름을 저자로 취급하였는가?
□	□	신문 기사의 경우, 익명이라면 기사의 제목 두 세 단어로 작성자명을 대신하였는가?
□	□	잡지의 경우, 출판연도 자리에 발행 연, 월을 적었는가?
□	□	잡지의 경우, 간행물 명 다음에 권(호)수를 표시하였는가?

▶**참고문헌 점검표 5** (저서를 포함하는 비정기 간행물)

체크		점검사항
예	아니오	
□	□	저자명과 출판연도 다음에 저작물의 제목을 중고딕체(외국어는 이탤릭체)로 적었는가?
□	□	제목을 적고, 마침표를 한 후 출판지와 출판사를 콜론(:)으로 구분하여 적은 후 마침표를 하였는가?
□	□	논문 하나가 단행본으로 묶여진 긴 논문의 경우, 저자명 뒤에 괄호로 발행 연도를 적은 후에 논문 제목과 논문집명, 권(호) 또는 쪽수, 그리고 일련번호를 표기하였는가?

□	□	학위 논문의 경우, 저자명 뒤에 괄호로 출판연도를 쓰고 마침표를 하였는가?
□	□	그리고 중고딕체(영문은 이탤릭체)로 논문 제목을 적고, 다시 신명조체로 학위 수여대학과 학위명을 적었는가?
□	□	학술 발표회에서 발표된 논문의 경우, 저자명 바로 뒤에 발표된 연도를 괄호로 묶어 제시하고 마침표를 찍었는가?
□	□	그리고 연구 제목을 적고 마침표를 한 후, 중고딕체(영문은 이탤릭체)로 게재된 간행물명, 면수, 발표 일자 및 장소를 적었는가?
□	□	미간행 발표 자료의 경우, 연구자명 바로 뒤에 괄호로 묶어 발표 연도를 적었는가?
□	□	그리고 발표 제목을 적고, 마침표를 한 후 개최 기관과 대회명(중고딕체, 영문의 이탤릭체), 발표 일자, 지역 및 발표 장소를 명기하였는가?
□	□	좌장이 있고 여러 공동 발표자의 발표 자료의 경우, 좌장의 이름을 적고 괄호 안에 "좌장"임을 학술 발표 제목에 적은 다음에 개최 기관과 장소를 명기 하였는가?
□	□	편집서나 저서에 포함된 단일 논문의 경우, 인용한 장(章)의 저자명 다음에 출판연도를 괄호 안에 적고 마침표를 하고 장의 제목을 적었는가?
□	□	그리고 전체 책을 엮은 편집자의 성명을 적고 한 칸 띄우고 괄호 안에 편집일 경우는 '편', 저서일 경우는 '저'(영어는 편집자명 앞에 "In"을 삽입하고 괄호 안에 Ed./ 편집자가 복수일 경우 Eds) 라고 표시하였는가?
□	□	이어서 책의 제목을 중고딕체(영어는 이탤릭체)로 표기하였는가?
□	□	저서명에 이어 괄호 안에 해당 쪽수를 pp.로 표시하여 적어 넣었는가?

□　□　그리고 괄호로 묶은 쪽수 다음에는 마침표를 찍고, 출판 장소와 출판사명을 적고 마침표를 하였는가?

□　□　역서와 편역서의 경우, 원저자명을 표기하고 뒤에 본문에서 인용한 번역서의 출판연도를 괄호 안에 제시하였는가?

□　□　그리고 번역서명(중고딕체, 영문은 이탤릭체)을 적고 그 다음 괄호로 묶어 역자명을 적고, "역(혹은 편역)"으로 역서임을 표시하고 마침표를 하였는가?

□　□　이어서 번역서의 출판지와 출판사를 콜론으로 구분하여 적고 마침표를 하고, 그 뒤에 원전의 출판연도를 괄호로 묶어 제시하였는가?

□　□　초록 문헌의 경우, 중고딕체(영문은 이탤릭체)로 초록집명을 적고 '초록'이나 'Abstract'로 표시하였는가?

□　□　간행물 명을 통해 초록집이라는 것을 알 수 없을 경우, 맨 마지막에 요약자료집임(요약, 초록, 혹은 Abstracts)을 대괄호 [ ]로 묶어 표기 하였는가?

□　□　참고문헌 목록에서 재인용 자료의 경우, 재인용 표기 없이 재인용 문헌만을 제시하였는가?

□　□　서평, 영화, 비디오, TV 프로그램 등을 논평한 것일 경우, 논평자 성명 다음에 출판연도를 괄호로 묶어 표기한 후 제목을 적었는가?

□　□　그리고 대괄호로 묶어 그 자료가 기술하고 있는 원자료의 형태와 제목을 적고 마침표를 하였는가?

□　□　이어서 자료가 실린 서명을 적고 권(호)수와 페이지를 쉼표로 구분하여 적고 마침표를 찍었는가?

□　□　매체를 직접 인용한 경우, 감독 및 제작자의 이름과 역할을 쓰고 연도 표기 후, 제목 뒤에 대괄호 [ ]로 원자료 형태를 표시 하였는가?

□	□	TV 프로그램의 경우는 방영 지역과 방송사명을, 비디오테이프이라면 출시 회사 주소지를, 영화사라면 제작사 이름을 적었는가?
□	□	온라인 매체일 경우, 저자명 뒤에 출판연도를 괄호로 묶어 제시하고, 마침표를 찍었는가?
□	□	그리고 연구 제목을 적고 출처 형태를 대괄호로 묶어 표시 하였는가?
□	□	이어서 중고딕체(영문은 이탤릭체)로 출처명과 권수를 적고, 호수가 있을 경우는 신명조체로 호수를 표시하고, 독자들이 접근할 수 있는 경로를 적었는가?
□	□	시디롬일 경우, 출처 형태에 [CD-ROM]이라고 쓰고 파일명과 아이템 명을 표시하고 콜론(:)을 찍은 후 아이템 번호를 적었는가?
□	□	컴퓨터 프로그램의 경우, 컴퓨터 소프트웨어와 컴퓨터 언어 등도 [Computer Software], [Computer Language] 등으로 그 형태를 명기하였는가?
□	□	그리고 프로그램이 개발된 도시를 적고, 콜론(:)을 한 후 개발자의 이름을 적었는가?

▶ 참고문헌 점검표 6 (출판 장소와 출판사의 표기)

체크		점검사항
예	아니오	
□	□	출판 도시명과 출판사명을 표기했는가?

☐	☐	출판지가 잘 알려진 도시가 아니거나 다른 곳과 혼동을 일으킬 수 있을 경우, 도시명 다음에 쉼표를 하고 국가명(미국은 주명을 약자로)을 적었는가?
☐	☐	출판지명 다음에 콜론을 찍고 출판사 명을 넣었는가?
☐	☐	associations, corporations, university press 등은 표기하되, Publishers, Co, Inc. 등은 뺐는가?
☐	☐	Books와 Press같은 고유명사는 그대로 썼는가?
☐	☐	원전의 출판 도시가 하나 이상일 경우, 나와 있는 출판지를 쓰거나 출판사의 본사가 있는 출판 도시를 적고 마침표를 찍었는가?

▶참고문헌 점검표 7 (한글 문헌의 영문 표기)

체크		점검사항
예	아니오	
☐	☐	영문으로 저자, 논문제목, 학술지 명 등이 정해 있는 경우에 이들 영문 표기를 미국 심리학회가 정한 방식으로 제시하고, 말미에 한국어 문헌(Korean Literature)이란 표기를 대괄호로 묶어 제시하였는가?
☐	☐	영문 표기 방식이 알려져 있지 않은 경우, 한글의 영문표기방식에 따라 표기하였는가?
☐	☐	성은 전체를, 이름은 두 문자만을 제시하였는가?

□	□	논문 제목은 첫 음의 첫 철자를 대문자로 표기하고, 각 음간에 하이픈(–)을 삽입하였는가?
□	□	제목이 끝나면 대괄호를 이용하여 영문으로 번역 제목을 제시하였는가?
□	□	원전의 영문명이 정해지지 않은 경우, 학술지의 음독을 영문으로 표기하고 대괄호로 영문 번역을 제시하였는가?

chapter8

논문투고 및 심사절차

논문투고 및 심사절차

1절; 저자, 심사자 및 편집위원회의 임무

8.1 저자의 임무

원고 작성에서 나타날 수 있는 오타, 띄어쓰기의 실수, 인용 페이지의 오류, 참고 문헌의 불분명, 표와 그림의 부적절한 위치, 선명하지 못한 사진이나 그림 등에 대한 궁극적인 책임은 저자가 져야 한다. 논문에 대한 심사가 익명으로 진행되므로 저자와 저자의 동료들이 밝혀질 만한 단서들을 최대한 감추어야 한다. 해당 학술지의 편집위원회에 원고를 제출하기 전에 본 지침서(한국심리학회 학술논문작성 및 출판 지침서 제2판) 각 장의 맨 마지막 부분에 제시된 점검표를 활용하여 논문이 적절하게 작성되었는지를 반드시 확인한다.

8.2 심사자의 임무

논문의 심사자는 심사논문에 대하여 학술적 가치의 판단 및 그 판단의 근거를 제시함은 물론, 결함을 지적하고, 개선점을 제시하며, 논문의 가독성을 높이기 위한 제언을 한다. 심사자는 필요한 경우에 다른 전문가의 도움을 받아 심사를 할 수 있다. 그러나 이 경우에 그러한 사실을 해당 학술지 편집위원회에 미리 알려야 한다. 심사자와 편집위원회는 심사용으로 제출된 논문에 대한 저자의 저작권을 보호해야 하며, 저자의 사전 동의 없이 투고된 논문의 내용을 사용할 수 없다. 심사자는 의뢰된 논문을 평가하면서 연구자에 대한 인신공격이나, 모욕적인 표현을 사용해서는 안 된다.

8.3 편집위원회의 임무

편집위원회는 학회가 정하는 학술지 발간정책에 맞추어 해당 학술지의 질과 내용을 최고수준으로 향상시키는 노력을 하여야 하며, 학술지의 최종형태(논문의 게재여부, 편집방침 등)에 대하여 책임을 진다. 학회에서 발간하는 학술지에는 심리학 연구에 독창적으로 기여하며, 간결하고 명확하게 기술된 논문들을 게재한다. 이를 위해 편집위원회는 각 논문에 대하여 공정한 심사 절차를 거친 다음, 내용을 검토하여 논문의 게재에 대한 최종적인 결정을 한다.

첫째, 해당 논문의 내용이 제출된 학술지의 성격에 부합하며, 논문이 그 분야의 발전에 독창적이며, 타당한 정보와 지식을 제공하는지, 둘째, 논문이 간결하고, 명확하며, 가독성이 높게 기술되어 있는지, 셋째, 논문이 학회의 논문작성 및 출판 지침서가 정하는 양식에 맞추어 기술되어 있는지를 판단한다.

편집위원회는 심사용 논문이 접수되면, 해당 학술지의 편집위원회에서 정한 심사절차에 따라서 심사를 진행한다. 투고한 논문이 최종 게재 확정 판정을 받으면, 논문이 처음 접수된 날짜, 수정 논문이 접수된 날짜, 최종적으로 게재결정이 이루어진 날짜를 출판된 논문의 말미에 기록한다.

편집위원회는 제출된 원고의 내용을 원칙적으로는 수정할 수 없다. 다만 사소한 부분에 국한하여 수정을 할 수 있으며, 이 경우에 저자의 동의를 구한다.

2절; 논문 투고 및 심사 과정

한국심리학회에 14개 분과 학회가 있으며, 모학회에서 '한국심리학회지: 일반'이라는 학술지를 발간하고 있다. 각 분과 학회에서도 분과 학회의 학문적 특성을 반영하는 학술지(부록 IX)를 출판하고 있다. 한국심리학회 및 분과 학회에 투고되는 모든 논문은 한국심리학회 학술논문 작성 및 출판 지침서 제2판(출판사:박영사)에 맞추어 작성되어야 한다. 그러나 논문 심사 과정은 각 분과 학회에 따라 다소 차이가 있으며, 투고를 한 분과 학술지의 논문 심사 절차를 따라야 한다. 여기에서는 한국심리학회 모학회에서 발간되는 '한국심리학회지:일반'의 논문심사 과정을 기술한다.

8.4 학회지의 특성

본 학술지에는 심리학의 발전에 기여하는 창의적인 이론 연구, 논쟁을 정리하는 개관 연구, 실증연구 또는 Brief report를 게재한다. 실증 연구의 경우에는 심리학의 여러 하위분야의 학자들에게 공통적인 관심이 될 수 있는 자료 및 실증 연구들로 게재를 한정한다. Brief report의 경우 시의성과 파급성이 큰 주제로 창의적이어야 하며 총 분량이 9쪽 이내로 한다. 아울러 다양한 분과 학회에 걸쳐 공통 관심사가 되는 주제(예: 학회가 개최하는 학술 심포지움의 주제)를 가지고 특집을 꾸밀 수도 있다.

8.5 발간언어

학회지에 투고하는 논문은 한국어를 기본으로 하며, 타 언어 중에서는 영문 기고를 허용한다. 본문이 한국어인 경우에는 초록을 영문으로, 본문이 영문인 경우에는 초록을 한글로 작성한다.

8.6 논문투고 자격

(1) 본 학회 회원은 학회지에 논문을 투고할 자격이 있다. 다만, 논문 투고일 현재 미납된 회비가 없어야 한다.

(2) 공동연구인 경우, 공동연구자 중 투고일 현재 미납된 회비가 없는 최소 1명 이상의 정회원이 포함되어야 한다.

(3) 석사과정 이상 대학원 학생은 정회원인 지도교수와 공동명의로 투고가 가능하다. 예외적인 사안(예: 해외 학자가 국내인을 연구 대상으로 포함한 경우 등)의 경우에 편집위원회의 심의를 거쳐 편집위원장이 투고 자격을 부여할 수 있다.

8.7 책임저자

(1) 본 학회지에 투고된 논문의 책임(주)저자는 제1저자와 교신저자를 말한다.

(2) 논문투고 시 교신저자를 명시해야 하고(각주로 처리), 투고 당시의 저자명은 원칙적으로 변경(저자 추가 혹은 삭제) 할 수 없다. 단, 부득이한 사유가 있는 경우 편집위원회의 승인을 받아 변경할 수 있다.

8.8 한 호에 저자 일인당 논문 게재 편수의 제한

한 호에 저자 1인당 게재 가능한 최대논문 편수는 (1) 공동저자로 2편, 혹은 (2) 책임 저자(제1저자 혹은 교신저자)1편과 공동 저자 1편 총 2편으로 제한하며, 책임 저자(제1저자 혹은 교신저자)로 2편은 게재 할 수 없다.

8.9 논문투고 및 접수

(1) 학회지 게재를 희망하는 호의 발행일 3개월 전까지 한국심리학회 홈페이지 논문투고란을 통해서 논문파일, 논문투고신청서(부록 Ⅰ), 연구자 윤리 서약 및 저작권 이양에 대한 동의서(부록 Ⅱ)를 편집위원회에 제출한다.

(2) 논문은 한국심리학회의 학술논문작성 및 출판지침서(제2판)에 따라서 작성해야한다. 이 지침서를 따르지 않고 작성된 논문에 대해서 심사 및 출판을 거부할 수 있다.

(3) 투고논문은 한국심리학회 『연구 진실성 심사 운영 세칙 제2조』에 정의된 연구부정행위가 없어야 한다. 단, 학술대회 발표집 논문 혹은 심포지움 발표집 논문을 본 학술지에 게재 하고자 하는 경우 이중출판으로 간주하지 않는다. 이 경우 각주에 원 논문의 출처를 밝혀야 한다.

(4) 원고는 아래한글로 작성하고 분량은 15-20쪽을 권장한다.

8.10 논문 심사

(1) **심사위원 선정**: 투고 논문의 제출 마감 이후 1개월 이내에 편집위원장은 편집위원들의 의견을 들어 각 논문 당 3명의 심사위원을 선정한다. 위촉된 심사위원이 3회 연속해서 심사를 거부할 경우 투고 자격을 제한할 수 있다.

(2) 동일 논문에 대해서 동일 심사위원이 최대 3심까지 진행할 수 있다

(1차 심사/ 2차 심사 /3차(최종) 심사).

(3) **논문 심사 의뢰**: 편집위원장은 선정된 심사 위원에게 다음의 서류를 보낸다.

① 논문 심사 의뢰서(부록 Ⅰ)

② 심사 대상 논문

③ 1차 논문 심사 의견서(부록 Ⅲ)

(4) 논문 심사위원은 논문심사의견서의 기준에 의거하여 논문을 심사한 후 논문의 1차 심사의견서를 편집위원장에게 제출한다.

(5) **논문의 평가**: 심사위원은 7점 평정 척도 방식과 서술 평가 방식으로 논문을 심사하여 종합평가를 내린다(부록 Ⅲ).

[평정 척도 방식의 평가]

1) 개관 혹은 이론 논문의 경우 평가 요소는 ① 논지의 명료성, ② 논지의 합리성, ③ 논지의 창의성, ④ 내용 정리 및 분류의 체계성, ⑤ 논지의 통합성, ⑥ 개관되는 문헌범위의 적정성, ⑦ 문헌내 경험자료 해석의 타당성, ⑧ 현실적 중요성, ⑨ 요약이 논문 내용을 대표하는 정도 등이다.

2) 실증 혹은 경험 논문의 경우 평가 요소는 ① 이론적 중요성, ② 현실적 중요성, ③ 연구의 창의성, ④ 선행연구 검토의 적정성, ⑤ 내용전개의 논리성, ⑥ 가설 혹은 연구 문제 도출의 적절성, ⑦ 연구방법 적용의 적절성, ⑧ 결론 및 논의전개의 적절성, ⑨ 자료의 유용성, ⑩ 요약이 논문 내용을 대표하는 정도, ⑪ 전체 길이 등이다.

[서술 평가]

특정 양식은 없으나 ① 연구문제(명료성/중요성/창의성), ② 내용전개(논리성/체계성/통합성), ③ 방법 및 절차(타당성/충실성/명료성), ④ 결과(자료의 유용성/해석 타당성/제시의 전문성), ⑤ 논의(토론의 정교성/논문의 기여/한계서술/미래연구 방향 제시), ⑥ 기타 및 종합의견(예: 현재의 자료에 기초한 수정 및 보완 가능성) 항목으로 나누어 가능한 한 자세히 심사의견을 진술한다.

[종합 평가]

각 심사위원은 논문을 심사하여 ① 수정 없이 게재, ② 부분수정 후 게재, ③ 부분수정 후 편집위원장 재심사, ④ 대폭수정 후 재심사, ⑤ 게재 불가의 5등급 중 하나를 택하여 한다. 단, 3차(최종)심사에서는 ① 수정 없이 게재, ② 부분수정 후 게재, ③ 게재 불가 중 하나를 택하여야 한다.

8.11 수정논문 접수

논문 투고자에게 심사결과를 통보하고 수정된 논문과 심사답변서(부록 Ⅳ)를 받는다.

(1) 논문 수정기간은 심사결과를 통보한 날로부터 2개월 이내로 한다. 단, 수정기간 연장 신청서를 제출한 경우 1회에 한해 3개월을 더 연장할 수 있다. 수정기간 연장 신청서(부록 Ⅴ)는 수정기간 만료 1주일 전까지 제출하여야 한다.

(2) 3개월 이내 수정된 논문을 제출하지 않은 경우, 논문 투고를 철회한 것으로 간주한다. 따라서 동일 논문을 다시 투고할 경우, 신규로 투고된 논문심사 절차와 동일하게 1차 심사부터 진행한다.

(3) 1차 심사 결과를 통보 받은 후 투고자가 원할 경우, 다른 학회지에 투고 할 수 있다. 단, 이 경우 이중 투고에 해당하므로 투고자는 이 사실을 본 위원회에 알려야 하며, 심사과정은 자동으로 철회된다. 본 학회에 재투고를 원할 경우, 신규투고 논문으로 간주하고 심사절차를 진행한다.

8.12 2차 심사

재심사 판정을 내린 심사 위원에게 논문 투고자의 수정논문과 심사답변서를 보내 2차 심사의견서(부록 Ⅵ)를 받는다.

3차(최종) 심사 결정을 내린 경우, 논문투고자에게 2차 수정 논문과 2차 심사답변서를 제출받아 최종 심사를 의뢰하여 3차 심사의견서(부록 Ⅶ)를 받는다.

8.13 논문 게재 여부 결정

(1) 최대 3차 심사까지 끝난 후 논문 게재 여부를 결정한다.

(2) 최종심사 결과 심사위원 2명 이상이 『부분수정 후 게재가』 이상의 판정을 내린 경우 논문 게재가 확정된다.

(3) 논란 사항에 대해서는 편집위원회의 결정에 따른다.

(4) 게재 불가 판정을 받은 논문은 동일 논문으로 재심사를 청구할 수 없다. 다만, 제목과 내용이 달라진 경우에는 신규로 투고하여 1차 심사부터 진행할 수 있다.

(5) 논문의 게재 확정에 대한 최종 판단은 편집위원장이 한다.

8.14

'게재가'로 최종 평가된 논문의 투고자는 논문을 수정 및 보완하여 "인쇄용" 파일과 저작재산권 양도 계약서(부록 Ⅷ)를 편집위원장에게 제출하여야 한다.

8.15 논문심사 결과에 대한 이의신청

논문심사 결과를 납득하기 어려울 때, 논문투고자는 편집위원장에게 심사결과에 대한 이의 신청을 할 수 있다. 이의 신청이 접수되면 심사위원들과 논문투고자의 소명을 받아 편집위원회에서 처리한다.

8.16 심사과정 및 결과의 비밀 준수

논문심사와 관련된 정보는 일체 타인에게 공개할 수 없다.

8.17 게재 예정 증명서의 발급

게재가 확정된 논문에 대해서 『게재 예정 증명서』를 발급할 수 있다.

8.18 학회지 출판 및 온라인 검색

편집위원장은 인쇄용 파일이 수집되면 출판사를 선정하여 인쇄를 의뢰한다. 조교봉 인쇄본이 나오면 투고자가 책임교정을 하여 출판사로 직접 회송한다. 재교용 인쇄본이 나오면 편집위원회에서 재교를 본 후 출판사에 최종 인쇄를 의뢰한다. 편집위원장은 논문의 서지 혹은 전문에 대한 온라인 검색이 가능하도록 필요한 조치를 취한다.

▶부록 I. 논문투고 신청서

한국심리학회   접수일 : 기재안함   접수번호 : 기재안함

논문투고신청서

논문제목	국문				
	영문				
저 자 (소 속) (직 위)					
교신저자 주소					
교신저자 연락처	E-mail				
	전화번호	( )		휴대폰	

귀 학회에 논문투고를 신청합니다.

년   월   일

신청인(교신저자): _____ (인)

한국심리학회지:일반 편집위원장 귀하

도 움 말	※ 투고논문신청서와 함께 논문원고파일, 연구자 윤리 서약 및 저작권 이양에 대한 동의서를 편집 간사에게 보내주시기 바랍니다. 보내신 뒤 연락 부탁드립니다. ▶ 보내실 곳 : 편집간사 이메일 ※ 심사비 입금 부탁드립니다(편집위원회 입금계좌) ※ 직위 : 교수, 강사, 연구원, 석사과정, 박사과정, 기타 등으로 표기합니다. ※ 공동저자가 더 있는 경우는 칸을 만들어 추가하면 됩니다. ※ 신청인의 서명 날인은 투고자가 본 편집위원회로 보낸 이메일주소로 대신합니다. 따라서 반드시 교신저자의 이메일로 투고해주시기 바랍니다.

▶ 부록Ⅱ. 윤리서약 및 저작권 이양 동의서

연구자 윤리 서약 및 저작권 이양에 대한 동의서

한국심리학회 귀하

논문제목: _____

1. 본 저자(들)은 위 연구를 수행함에 있어 부정 및 부적절 행위(한국심리학회 연구 진실성 심사 운영 세칙에 의거)를 하지 않았음을 서약하며, 이 논문에 대해 윤리 문제가 발생할 시 그 책임은 전적으로 본인(들)에게 있음을 인정합니다.

   가. 주요 부정행위: 위조, 변조, 표절, 이중출판(출판 예정 및 이중투고 포함) 등
   나. 부적절 행위: 부당한 논문저자 표시, 조사행위 방해, 연구비 부당사용 및 연구 결과 과장 홍보, 주요부정행위 교사·강요, 주요연구부정행위로 인한 결과의 직접 인용 등

2. 또한 본 저자(들)은 이 논문이 [한국심리학회지: 일반]에 게재 출판되는 경우 저작권(디지털 저작권 포함)을 한국심리학회에 이양할 것을 서약합니다.

20   년   월   일

	성 명	소 속	이메일
제 1 저자			
제 2 저자			
제 3 저자			
제 4 저자			
제 5 저자			

※ 논문에 기술된 순서대로 모든 저자의 성명, 소속, 이메일을 기재하여 주십시오.
※ 본 위원회에서 수신한 교신저자의 투고 이메일은 모든 저자들이 연구자 윤리서약 및 저작권 이양에 대한 동의서에 서명 날인한 것으로 간주합니다. 따라서 교신저자께서는 다른 공동저자들께 연구 윤리와 저작권 이양 사실을 반드시 알려주시기 바랍니다.

▶ 부록Ⅲ. 논문 심사 의견서(1차)

『한국심리학회지: 일반』 논문 심사 의견서(1차)

■ 심사위원 정보

심사위원 성명 :

심사위원 소속 :

심사비송금 계좌 :

■ 논문 유형 :

☐ 실증논문 혹은 경험적 논문　☐ 개관 혹은 이론 논문

게재 예정호:	년	권	호
심사 의뢰 일자:	년	월	일
심사 마감 일자:	년	월	일

다음 쪽부터 본 논문에 대한 평가관련 항목들이 있습니다.

■ 논문제목 :

● 다음을 평정하여 주십시오. 심사 논문이 이론 논문, 논평, 혹은 개관 논문인 경우는 '가'의 문항
들에 표시하여 주시고, 경험적 논문인 경우는 '나'의 문항들에 표시하여 주십시오.

가. 이론 논문, 논평, 혹은 개관 논문인 경우

평 가 항 목	아주 나쁨			보통			아주 좋음
	1	2	3	4	5	6	7
1. 논지의 명료성							
2. 논지의 합리성							
3. 논지의 창의성							
4. 내용 정리 및 분류의 체계성							
5. 논지의 통합성							
6. 개관되는 문헌의 범위(적절성)							
7. 문헌내 경험자료 해석의 타당성							
8. 현실적 중요성							
9. 요약이 논문 내용을 대표하는 정도							

나. 경험적 논문인 경우

평 가 항 목	아주 나쁨			보통			아주 좋음
	1	2	3	4	5	6	7
1. 이론적 중요성							
2. 현실적 중요성							
3. 연구의 창의성							
4. 선행연구 검토의 적절성							
5. 내용 전개의 논리성							
6. 가설 혹은 연구 문제 도출의 창의성							
7. 연구 방법 적용의 적절성							
8. 자료의 유용성							
9. 결론 및 논의 전개의 적절성							
10. 요약이 논문 내용을 대표하는 정도							
11. 전체 길이(15-20쪽 이내 권장)							

■ 종합 평가

* 심사하신 논문의 게재 여부를 평가하여 주십시오.

1. 게재 불가	2. 대폭 수정 후 재심	3. 부분 수정 후 편집위원장 재심	4. 부분 수정 후 게재	5. 수정 없이 게재

● **심사의견**

특정 양식은 없으나 (1) 연구문제(명료성/중요성/창의성), (2) 내용전개(논리성/체계성/통합성), (3) 방법 및 절차(타당성/충실성/명료성), (4) 결과(자료의 유용성/해석 타당성/제시의 전문성), (5) 논의(토론의 정교성/논문의 기여/한계서술/미래연구 방향 제시) (6) 기타 및 종합의견(예: 현재의 자료에 기초한 수정 및 보완 가능성) 항목으로 나누어 가능한 한 자세히 선생님의 심사의견을 적어주시길 바랍니다.

심사 답변서

▶ 부록 IV. 심사 답변서

※ 저자 답변 내용 작성시 '종탑' 하여도 되나, 반드시 답변에 해당하는 내용을 수정논문에도 색깔, 밑줄 등을 사용하여 심사자가 수정사항을 쉽게 확인할 수 있도록 해주시기 바랍니다. 또한 아래의 답변양식 같이 부족할 시 추가하여 작성 하여 주시기 바랍니다.

심사자 1 심 사 내 용	저자 답변 내용			
	수정 전		수정 후	
	내용	페이지	내용	페이지

심사자 2 심사 내용	저자 답변 내용			
	수정 전		수정 후	
	페이지	내용	페이지	내용

심사자 3 심사 내용		저자 답변 내용			
		수정 전		수정 후	
		페이지	내용	페이지	내용

▶부록 V. 투고 논문 수정 기간 연장 신청서

투고 논문 수정 기간 연장 신청서				
논문 제목:				
인적사항	성명		소 속	
	직위		연락처	이동전화: E-mail:
연장이유				
연장기간	년 월 일 부터 년 월 일 까지 (개월)			
위와 같이 논문수정기간 연장을 신청합니다. 년 월 일 신청인: (인) 한국심리학회지:일반 편집위원장 귀하				

▶ 부록 VI. 논문심사 의견서(2차)

『한국심리학회지: 일반』 논문 심사 의견서(2차)

■ 심사위원 정보

심사위원 성명 :

심사위원 소속 :

심사비송금 계좌 :

■ 논문 유형 :

☐ 실증논문 혹은 경험적 논문 ☐ 개관 혹은 이론 논문

게재 예정호: 년   권   호

심사 의뢰 일자: 년   월   일

심사 마감 일자: 년   월   일

다음 쪽부터 본 논문에 대한 평가관련 항목들이 있습니다.

■ 논문제목 :

● 다음을 평정하여 주십시오. 심사 논문이 이론 논문, 논평, 혹은 개관 논문인 경우는
'가'의 문항들에 표시하여 주시고, 경험적 논문인 경우는 '나'의 문항들에 표시하여 주십
시오.

가. 이론 논문, 논평, 혹은 개관 논문인 경우

평 가 항 목	아주 나쁨			보통			아주 좋음
	1	2	3	4	5	6	7
1. 논지의 명료성							
2. 논지의 합리성							
3. 논지의 창의성							
4. 내용 정리 및 분류의 체계성							
5. 논지의 통합성							
6. 개관되는 문헌의 범위(적절성)							
7. 문헌내 경험자료 해석의 타당성							
8. 현실적 중요성							
9. 요약이 논문 내용을 대표하는 정도							
10. 논문의 개선 정도							

나. 경험적 논문인 경우

평 가 항 목	아주 나쁨			보통			아주 좋음
	1	2	3	4	5	6	7
1. 이론적 중요성							
2. 현실적 중요성							
3. 연구의 창의성							
4. 선행연구 검토의 적절성							
5. 내용 전개의 논리성							
6. 가설 혹은 연구 문제 도출의 창의성							
7. 연구 방법 적용의 적절성							
8. 자료의 유용성							
9. 결론 및 논의 전개의 적절성							
10. 요약이 논문 내용을 대표하는 정도							
11. 전체 길이(15-20쪽 이내 권장)							
12. 논문의 개선 정도							

■ 종합 평가   * 심사하신 논문의 게재 여부를 평가하여 주십시오.

1. 게재 불가	2. 대폭 수정 후 재심	3. 부분 수정 후 편집위원장 재심	4. 부분 수정 후 게재	5. 수정 없이 게재

● **심사의견**

특정 양식은 없으나 (1) 연구문제(명료성/중요성/창의성), (2) 내용전개(논리성/체계성/통합성), (3) 방법 및 절차(타당성/충실성/명료성), (4) 결과(자료의 유용성/해석 타당성/제시의 전문성), (5) 논의(토론의 정교성/논문의 기여/한계서술/미래연구 방향 제시) (6) 기타 및 종합의견(예: 현재의 자료에 기초한 수정 및 보완 가능성) 항목으로 나누어 가능한 한 자세히 선생님의 심사의견을 적어주시길 바랍니다.

▶ 부록Ⅶ. 논문심사 의견서(3차)

『한국심리학회지 : 일반』 논문 심사의견서(3차)

■ 평가 정보

게재 예정호:	20	년		권		호
심사 의뢰 일자:	20	년		월		일
심사 마감 일자:	20	년		월		일

■ 논문 유형 :

☐ 실증논문 혹은 경험적 논문　☐ 개관 혹은 이론 논문

다음 쪽부터 본 논문에 대한 평가관련 항목들이 있습니다.

■ 논문제목 :

● 다음을 평정하여 주십시오. 심사 논문이 이론 논문, 논평, 혹은 개관 논문인 경우는 '가'의 문항들에 표시하여 주시고, 경험적 논문인 경우는 '나'의 문항들에 표시하여 주십시오.

가. 이론 논문, 논평, 혹은 개관 논문인 경우

평 가 항 목	아주 나쁨			보통			아주 좋음
	1	2	3	4	5	6	7
1. 논지의 명료성							
2. 논지의 합리성							
3. 논지의 창의성							
4. 내용 정리 및 분류의 체계성							
5. 논지의 통합성							
6. 개관되는 문헌의 범위(적절성)							
7. 문헌내 경험자료 해석의 타당성							
8. 현실적 중요성							
9. 요약이 논문 내용을 대표하는 정도							
10. 논문의 개선 정도							

나. 경험적 논문인 경우

평 가 항 목	아주 나쁨			보통			아주 좋음
	1	2	3	4	5	6	7
1. 이론적 중요성							
2. 현실적 중요성							
3. 연구의 창의성							
4. 선행연구 검토의 적절성							
5. 내용 전개의 논리성							
6. 가설 혹은 연구 문제 도출의 창의성							
7. 연구 방법 적용의 적절성							
8. 자료의 유용성							
9. 결론 및 논의 전개의 적절성							
10. 요약이 논문 내용을 대표하는 정도							
11. 전체 길이(15-20쪽 이내 권장)							
12. 논문의 개선 정도							

■ 종합 평가
* 심사하신 논문의 게재 여부를 평가하여 주십시오.

1. 게재 불가	2. 부분수정 후 게재	3. 수정 없이 게재

● **심사의견**

특정 양식은 없으나 (1) 연구문제(명료성/중요성/창의성), (2) 내용전개(논리성/체계성/통합성), (3) 방법 및 절차(타당성/충실성/명료성), (4) 결과(자료의 유용성/해석 타당성/제시의 전문성), (5) 논의(토론의 정교성/논문의 기여/한계서술/미래연구 방향 제시) (6) 기타 및 종합의견(예: 현재의 자료에 기초한 수정 및 보완 가능성) 항목으로 나누어 가능한 한 자세히 선생님의 심사의견을 적어주시길 바랍니다.

► 부록Ⅷ. 저작재산권 양도 계약서

저작재산권 양도 계약서

저작권자(양도인)
성   명: Tel.
주민등록번호:
주   소:

저작권(양수인)
성   명: 사단법인 한국심리학회   Tel. 02-567-0102
사업자등록번호: 108-82-32383
주   소: (우) 110-054 서울시 종로구 사직동 304-28 한국사회과학자료원 5층

저작물 표시:
논 문 명 :
게재학술지 :

저작물의 내용 개요

위 저작물의 저작권자 및 양도인 _____ (이하 '갑'이라 한다)과(와) 양수인 사단법인 한국심리학회(이하 '을'
이라 한다)는 다음과 같이 위 저작물에 대하여 저작재산권 양도, 양수 계약을 체결한다.

제1조(저작재산권 양도) 갑은 위 저작물에 대한 저작재산권 전부와 위 저작물을 원 저작물로 하는 2차적 저작물 또
는 위 저작물을 구성 부분으로 하는 편집 저작물을 작성하여 이용할 권리 전부를 을에게 양도한다.

제2조(저작재산권의 이전 등록) 갑은 위 저작물에 대하여 저작재산권 이전 등록을 할 수 있도록 등록에 필요한 서
류 등을 을에게 제공, 지체 없이 협력하여야 한다.

② 저작권 이전 등록 후 을은 위의 저작권 표시를 위하여 표시를 을의 성명 앞에 기재한다.

제3조(배타적 이용) 갑은 위 저작물의 제호 및 내용의 전부 또는 일부와 동일 또는 유사한 저작물을 제3자에게 이
용하게 하거나 설정 계약 등을 하여서는 안 된다.

제4조(저작재산권의 권리 변동 사항) 갑은 본 계약 이전에 위 저작물에 대하여 제3자에게 질권을 설정하였거나 저
작재산권의 일부 또는 전부를 양도하거나, 이용을 허락한 사실이 있어서는 안되며, 이로 인해 손해가 발생하였을
경우 갑은 그 보상의 책임을 진다.

제5조(원고의 양도) 갑은 ____년 ____월 ____일까지 위 저작물의 공표를 위해 필요한 원고 또는
이에 상당한 자료(이하 '완전 원고'라 줄임)를 을에게 인도하여야 한다.

제6조(저작물의 내용에 따른 책임) 위 저작물의 내용이 제3자의 권리를 침해하여 을 또는 제3자에 대하여 손해를
끼친 경우에는 갑이 그 책임을 진다.

제7조(저작인격권의 존중) 을은 갑의 저작인격권을 존중해야 한다.

제8조(비용 부담) 위 저작물의 저작에 필요한 부담은 갑이 부담한다.

제9조(갑에 대한 증정 등) ① 을은 위 저작물의 인쇄물인 학회지를 갑에게 증정한다.

제10조(제3자에게의 저작재산권 등의 양도) ① 을은 제3자에게 위 저작물에 대한 저작재산권의 전부 또는 일부를 양도 또는 이용 허락하거나 출판권을 설정하거나 또는 이차적 저작물 작성권을 양도 또는 이용 허락할 수 있다.

② 을은 제①항의 경우에 그 사실을 갑에게 통보하여야 한다.

제11조(원고의 반환) 갑과 을 사이에 추가 약정이 없는 한, 위 저작물의 공표 후 을은 원고 반환의 의무를 지지 아니한다.

제12조(계약의 해석 및 보완) 본 계약서에 명시되어 있지 아니 하거나 해석상 이견이 있을 경우에는 저작권법, 민법 등을 준용하고 사회 통념과 조리에 맞게 해결한다.

제13조(소송의 합의 관할) ① 본 계약과 관련한 분쟁이 발생할 시 갑과 을은 제소에 앞서 저작권심의조정위원회의 조정을 받도록 한다.

추가 약정 사항:

_____년 _____월 _____일

저작권자 및 양도인(갑)
주   소:
주민등록번호:
성   명: (인)

양수인(을)
주   소: (우) 110-054 서울시 종로구 사직동 304-28 한국사회과학자료원 5층
성   명: 사단법인 한국심리학회   (인)
사업자등록번호: 108-82-32383

▶ 부록IX. 한국심리학회 발간 학술지

한국심리학회는 1968년에 최초의 전문 학술 논문집인 **한국심리학회지** 제 1권을 발간하였다. 한국심리학회 모학회에서는 '한국심리학회지:일반'을 발간하고 있고 14개의 분과학회 가운데 현재 12개 분과학회에서 전문 학술지들을 발간하고 있다. 따라서 한국심리학회에서 현재 총13종의 전문 학술지가 정기적으로 발간되고 있다. 각 분과 학회의 학술지에 논문을 투고하고자 하는 사람들은 해당 학회 홈페이지에서 논문투고 정보를 얻을 수 있다. 학술지에 투고된 모든 논문은 해당 분야의 전문가들에 의해 엄정한 심사과정을 거쳐 게재 여부가 결정된다. 한국심리학회 분과 학회에서 발간하는 학술지는 다음과 같다.

1. **한국심리학회지:일반.** 한국심리학회 모학회의 학술지로서 1968년에 **한국심리학회지**란 제호로 창간되었다. 1989년 현재의 제호로 변경되어, 연 4회 간행되고 있다. 심리학 분야의 이론 논문, 개관 논문, 그리고 여러 분야의 관심사가 되는 자료와 경험 논문 및 논평을 게재한다.

2. **한국심리학회지:임상.** 한국심리학회 제1분과 학회인 한국임상심리학회의 학술지로서 1967년 **임상심리학보**란 제호로 창간되었고, 1989년 현재의 제호로 변경되어, 연 4회 간행되고 있으며, 임상심리학 분야의 연구논문, 자료 및 논설을 게재한다.

3. **한국심리학회지:상담 및 심리치료.** 한국심리학회 제2분과 학회인 한국상담심리학회 학술지로서 1988년 창간되었다. 연 4회 발행되며, 상담심리 및 심리치료분야의 연구논문, 자료 및 논설을 게재한다.

4. **한국심리학회지:산업 및 조직.** 한국심리학회 제3분과 학회인 한국산

업 및 조직심리학회의 학술지로서 1988년 창간되어 연 4회 간행되며, 산업 및 조직심리학 분야의 경험적 및 이론적 연구논문, 자료(연구용 및 심리학사관계) 및 논설 등을 게재한다.

5. 한국심리학회지:사회 및 성격. 한국심리학회 제4분과 학회인 한국사회 및 성격심리학회의 학술지로서 1983년 **사회심리학연구**란 제호로 창간되었고, 1989년 **한국심리학회지:사회**로 제호가 변경되었다. 1997년에 현재의 한국심리학회지:사회 및 성격의 제호로 변경되었다. 연간 4회 간행되며, 사회 및 성격 심리학 분야의 이론논문, 개관논문, 경험논문 및 논평을 게재한다.

6. 한국심리학회지:발달. 한국심리학회 제5분과 학회인 한국발달심리학회의 학술지로 1988년 창간되었다. 연 4회 발행되며, 발달심리 분야의 이론논문, 개관논문, 경험 논문 등을 게재한다.

7. 한국심리학회지:인지 및 생물. 한국심리학회 제6분과 학회인 한국인지 및 생물심리학회의 학술지다. 1989년에 한국실험 및 인지심리학회 학술지인 '**한국심리학회지:실험 및 인지**'와 한국생물 및 생리심리학회 학술지 '**한국심리학회지:생물 및 생리**' 창간호를 발간하였다. 2001년 이 두 분과학회가 통합되어 2003년 '**한국심리학회지:실험**'의 명칭으로 바뀌었다. 2009년 학회 명칭을 한국인지 및 생물심리학회로 바뀌면서 학회지명을 '한국심리학회지:인지 및 생물'로 변경되었다. 연 4회 발행되고 있다.

8. 한국심리학회지:사회문제. 한국심리학회 제7분과 학회인 한국사회문제심리학회의 학술지로 1994년에 창간되었다. 연 4회 발행되며, 사회문제 분야의 경험적 또는 이론적 논문 등을 게재한다.

9. **한국심리학회지:건강.** 한국심리학회 제8분과 학회인 한국건강심리학회의 학술지로 1996년 창간되었다. 연 4회 간행되고, 건강심리학 분야의 경험논문, 이론논문, 개관논문 등을 게재한다.

10. **한국심리학회지:여성.** 한국심리학회 제9분과 학회인 한국여성심리학회의 학술지로서 1997년에 발간되었다(1996년 한국여성심리연구회가 발간한 한국여성심리학연구회지를 창간호로 하고 있다). 연 4회 간행되며, 여성심리학 분야의 연구논문, 자료 및 논평 등을 게재한다.

11. **한국심리학회지:소비자·광고.** 한국심리학회 제10분과 학회인 한국소비자광고심리학회의 학술지로서 2000년에 창간되었다. 연 4회 발행되며, 소비자 및 광고심리학 분야의 연구논문, 개관논문, 경험논문 및 사례분석 연구 등을 게재한다.

12. **한국심리학회지:학교.** 한국심리학회 제11분과 학회인 한국학교심리학회의 학술지로서 2004년에 창간되었다. 연 3회 발행되며, 학교심리학 분야의 연구논문, 개관논문, 경험논문 등을 게재한다.

13. **한국심리학회지:법정.** 한국심리학회 제12분과 학회인 한국법정심리학회의 학술지로서 2010년에 창간되었다. 연 3회 발행되며, 법정심리학 분야의 연구논문, 개관논문, 경험논문 등을 게재한다.

14. 한국심리학회 제13분과 학회인 한국중독심리학회(2011년 설립)와 제14분과 학회인 한국코칭심리학회(2011년 설립)는 현재 창간호가 발간되지 않았으나 빠른 미래에 발행될 것으로 생각된다.

▶참고문헌

문교부 (1988). 한글 맞춤법. 문교부 고시 제 88-1호.

미승우 (1993). 새맞춤법과 교정의 실제. 서울: 어문각.

이오덕 (1995). 우리글 바로쓰기. 서울: 한길사.

박승준 (2002). 우리 문장 바로쓰기. 서울: 학지사.

인터넷 국어교육 연구소 (2000). 문장 바로쓰기. 서울: 국어닷컴.

권석만, 남종호, 박영석, 박창호, 최윤미, 한규석 (2001). 학술논문 작성 및 출판 지
침. 서울: 시그마프레스.

문교부 (1988). **한글 맞춤법**. 문교부 고시 제 88-1호.

한글 맞춤법 [시행 1988.1.19] [문교부고시 제88-1호, 1988.1.19, 제정] 외래어 표
기법 .

교육과학기술부
http://www.law.go.kr/admRulInfoP.do?admRulSeq=2000000001926#AJAX
에서 2011년 7월 9일 자료얻음.

국립국어원 http://www.korean.go.kr/09_new/index.jsp에서 2011년 7월 10일
자료 얻음.

한글맞춤법. 한글맞춤법 부록.
http://www.korean.go.kr/09_new/dic/rule/rule01_0701.jsp 에서 2011년
7월 9일 자료 얻음.

지식경제부 기술표준원. 법정 계량단위 올바른 표기법.
http://www.kats.go.kr/unit/use/use_explain02.asp에서 2011년 7월 11일
자료 얻음.

American Psychological Association (2009). *Publication manual of the
American Psychological Association (6th ed.)*. Washington, D.C.:
American Psychological Association.

American Psychological Association (2010). *Concise rules of APA style*.
Washington, D.C.: American Psychological Association.

찾아보기

저 자(가나다 순)

권선중
침례신학대학교 상담심리학과

민윤기
충남대학교 심리학과

석동헌
대구대학교 심리학과

심은정
부산대학교 심리학과

이민규
경상대학교 심리학과

최성진
동명대학교 상담심리학과

제2판
학술논문작성 및 출판지침

제2판발행	2012년 8월 25일
중판발행	2024년 7월 18일
지은이	권선중 · 민윤기 · 석동헌 · 심은정 · 이민규 · 최성진
펴낸이	안종만 · 안상준
편 집	김다혜
기획/마케팅	허승훈
표지디자인	권아린
제 작	고철민 · 김원표

(주) **박영사**
서울특별시 금천구 가산디지털2로 53,
210호(가산동, 한라시그마밸리)
등록 1959. 3. 11. 제300-1959-1호(倫)

전 화	02)733-6771
f a x	02)736-4818
e-mail	pys@pybook.co.kr
homepage	www.pybook.co.kr
ISBN	978-89-6454-297-2 93300

정 가   15,000원